日本語文法
学習者によくわかる
教え方 　―10の基本―

藤田直也

アルク

目　次

《はじめに》
日本語を教えること、日本語を習うこと

■学生の立場から日本語を見たら

　それは私がアメリカの大学に留学し、三年生になった時のことです。私は日本語科の教授に「初級レベル後期の日本語のクラスをアシスタントとして手伝ってみないか」と言われました。留学生の就労は禁じられていましたが、例外があって、大学内でのアルバイトは認められていたのです。それに単位ももらえるということで、私はこづかいと単位欲しさ、そしてほんの少しの好奇心で、「日本語を教えるというのはどういうことか」など考えもせず二つ返事で引き受けてしまいました。

　「どうせ初級レベルだから」と私は学生をなめてかかっていました。学生はそういうことに敏感ですし、それに学生と同じ年なのに先生づらしている私がきっと生意気なやつに見えたんでしょう。困らせてやろうと思ったのか、私にいろいろな質問をしてくるのです。「なんで『きれくない』じゃなくて『きれいじゃない』って言うの？」とか、「いつ『は』を使って、いつ『が』を使うの？」、「『中国』の『国』という字は『コク』じゃなくて『ゴク』と読むのに、どうして『国〟』のように漢字にも濁点がつかないの？」とか、私が今まで考えたこともないような質問です。アシスタントになる以前にも上級レベルの学生から日本語に関する質問を受けたことはありましたが、こんな質問はされたことがなかったのでびっくりしたものです。

　日本で生まれ育ち、学校にもちゃんと行き、いちおう人並みに勉強もしていましたから、漢字も知っているし、本も読めるし、文も苦労なく書けました。そんな自分が日本語を知らないわけがないと私は信じて疑いませんでしたし、日本語教師になるための条件はすでに十分兼ね備えていると思っていたのです。にもかかわらず、つい最近日本語を習い始めた学生の質問にすらまともに答えられなかったのは、正直いってショックでした。まったく情けない経験だったのですが、これがきっかけで日本語教育、さらには言語学に

も興味を持ち、いまは日本語をえらそうに教えているわけですから、まったく人生なんてわからないものです。

「日本人だから」、「日本語が母語だから」という理由だけで「自分は日本語を教えるに足る知識を持っているんだ！」と傲慢にも思ってしまった私が、初めて受け持った学生の気持ちを想像してみてください。かわいそうだと思いませんか。

しかしそんな自分も教師になる以前に、英語学習者として似たような経験をしているのでした。それは大学入学前、付属の英語学校に通っていた時のことです。そこには、どう見ても「英語が母語」というだけの資格で教えているとしか思えない講師の方がいました。いま思えば、アルバイトの大学院生だったのでしょうが、この教師がとにかく英語に素人の私から見ても、まず教え方に工夫がないのです。最初から最後まで、こっちがわかっていようといまいと、ベラベラまくしたて、私たち学生のレベルがどうなのかという考慮が皆無でした。

ある日テキストを見ていた私は、こんな二つの文に出くわしました。

(1) When I arrived, the airplane **left.**
(2) When I arrived, the airplane **had left.**

中学・高校の英語の授業でボケーっとしていた私は、恥ずかしいことに、この二つの文の違いがわからず、その違いを先生に聞きました。日本語なら、(1)の文は「私が到着した時、飛行機が**飛び去った**」、(2)の文は「私が到着した時、すでに飛行機は**飛び去ったあとだった**」とでも訳されるのですが、その先生はなんと「どちらも**ほとんど同じだよ**」と言い、ニュアンスの違いを説明してくれないのです。まあ、くだけた日常会話なら気にもならない違いなのでしょうが、それでも腑に落ちない私は、たどたどしい英語で「でも違うんじゃないか」と食い下がりました。そんな私にイライラしたのでしょう、自分の不勉強は棚に上げ、「理屈で覚えないでフィーリングで覚えろ。そうしないといつまでたっても上達しないぞ」とグサッとくることまで言われてしまったのです。まあ、フィーリングだけで英語が上達するのなら、最初から高い授業料を払って英語学校などに行かなくてもいいわけですが。私にし

てみれば、質問には答えてもらえないわ、傷つくわで、もう「授業料カエセ〜！」と言いたい気分でした。

　この先生も、きっと私が初めて日本語を教えた時と同じように、しっかり準備もせず、「自分は英語のネイティブ・スピーカーだから」くらいの気持ちで教えていたんじゃないかと思うのです。「自分は英語を知っているはずなのに、こんなレベルの学生の質問にうまく教えられない！」と、もどかしい気持ちで、さぞかしストレスもたまっていたことと察します。

　いまどうしてこんな話をしたのかといいますと、これから日本語教師を目指そうと思っている方も、またすでに教えていらっしゃる方も、ここでしばし立ち止まって、日本語を学習している者の立場に自分を置いて日本語教育を考えていただきたかったからなのです。教師にどういう態度、そしてどれだけの知識で日本語を教えてもらったら、自分の日本語の力が伸びるのか、と。

■「職人」としての日本語教師

　日本語を教えていて痛感するのは、語学教育というのは「教育」という世界の中で、かなり特異な分野だということです。特別な教育を受けていなくても「ネイティブ・スピーカー」という生まれながらに持っている「資格」だけで、とりあえずは教育にたずさわることができるのは語学教育だけです。

　最近は講習会や検定試験などのおかげで、日本語教育の力をつける機会が増えてきてはいますが、他の教育分野に比べると、教育者としての知識を蓄えるという点ではまだ十分とはいえません。とくに海外では、日本語教師の養成施設が少ないという理由から、不安を持ちながら日本語を教えている方も少なくないように見受けられます。

　このような現実では、教師側に独学をしようという意志と相当の努力がなければ、日本語教育の質はなかなか向上しないと思うのです。数学理論を知らない人に数学が教えられないように、また、本を読んだことのない人に文学が教えられないように、教える者の技能向上とそれに伴う努力がなければ、語学教育は学問として、また教育分野の一つとして成立するのはむずかしいと私は思っています。語学教育がプロフェッション、つまり「専門職」であ

るためには、私たちは「語学の職人」になるように努力・訓練をしなければならないのです。カンナがかけられず、ノコギリがひけない人間が「オレは大工だ！」と宣言しても、周囲からは決して「職人」として認めてもらえないのと同じことです。

　本書は、日本語教師が「日本語の職人」であるために持つべき技能、つまり日本語教育に必要不可欠なさまざまな知識をできるだけ簡潔にまとめてみよう、という考えから書き始めたものです。

　日本語を母語とする私たちが外国人学習者に日本語を教えるには、日本語のしくみが頭の無意識レベルで眠っている状態ではなく、常に意識的に頭の「引き出し」から出せるようになっていなければなりません。語学教育者の自信のよりどころは「ネイティブ・スピーカーである」ということでは決してなく、あくまでも「知識」であるべきだというのが本書の最も重要なメッセージです。言い換えれば、語学における授業の組み立て・工夫といったものは、教える者の言語学的知識を総動員して行わなくてはいけないということです。

　しかし、だからといって言語学者が優秀な語学教師なのかといえば、そうではないことは明らかです。いくら言語学的知識があっても学習者の言語背景、たとえば学習者の母語は何か、現在の語学習得レベルはどうかといったことに気を配ることが要求されますし、知識とは別個に学生とコミュニケーションの場を作れるといった能力も語学教師にとって重要な資質であることはいうまでもありません。それに日本語の言語知識が豊富だからといって、自分が持っているそれらの知識を、**どのように組み合わせたら上手に教えられるか**がわかるとは限らないわけです。

■外国語を学ぶということ

　ここで話は少し脱線するのですが、ちょっと脳と言葉の話を聞いてください。『「私」は脳のどこにいるのか』（澤口俊之著：筑摩書房）によると、大人になってから第二言語を習得した人の脳を、断層撮影ができるMRIというスキャンを使って調べてみると、第一言語と第二言語はそれぞれ脳内の言語

認識領域が離れているのだそうです。

　なぜ唐突にこんな話をしたのかといいますと、本書を読み進める前に「大人が、どのように言葉を習得するのか」ということを、確認しておきたかったからなのです。いまのMRIスキャンの話から言えることは、赤ん坊が言葉を学ぶのと同じプロセスで大人は外国語を習得することができないということです。脳というのはさまざまな機能プロセスの集合体ですから、これはとりもなおさず、第二言語の習得プロセスは、第一言語のそれとは認知科学的に根本的に違うということでもあります。

　人間には最初の言葉を確実に習得できる期間（生後4年ぐらいまで）があり、それ以降になると習得レベルが顕著に落ちるということが明らかにされています。たとえば、1920年にインドで狼に育てられた姉妹が発見されたケースでは、姉の方は発見された時点で、すでに完全習得期間をとうに過ぎていたため、人並みに言葉が話せるようには決してならなかったといいます。

　人間は成長すると脳の言語認知システムが固まっていくため、赤ん坊のように言葉を学ぶことができなくなっていきます。私たち大人が外国語を習う時、いくら先生に「赤ちゃんにだってできるのだから、あなたにだってできます！」と言われてもシラけてしまうのは、きっと私たちが第一言語と第二言語の習得における認知プロセスの違いを直感的に知っているからなのでしょう。よく雑誌の広告などに「この学習セットを使うと、**赤ちゃんが言葉を覚えるのと同じように、みるみる英語がペラペラに！**」などとありますが、ああいうのが胡散臭く聞こえるのも同じ理由です。

　それでは、私たち大人は一体どのように外国語を習得しているのでしょうか。私たちは子供の時に習得した第一言語の呪縛から逃れることはできません。頭の中の思考回路はすでに第一言語のパターンで作られており、大人になって外国語を習う際、自分の母語の言語能力・言語知識が必ず第二言語の前に立ちはだかるのです。言い換えれば、第一言語を媒介とした何らかの「分析」を通さずに第二言語が習得されることは決してないということです。

　私たちが外国語を習う際、教師に「考えずに話しなさい！」とよく言われますが、考えてみればこれはしょせん無理な注文なのです。このように、成人が外国語を学習する上で「考える」というプロセスを排除することは不可

能であることは明白であるにもかかわらず、最近の語学教育の傾向として、語学学習において「考えること」、つまり「言語分析」をすることは、否定的に受け止められているようなのです。しかしいままで述べてきたように、外国語を習う際に「言語分析」を完全に抹殺することができないのならば、むしろ開き直って、その「分析」を徹底的に利用するほうが合理的だと私などは思うのですが、いかがでしょうか。

　だからといって、教科書的な文法規則の丸暗記がうまくいかないのは、話せない英語を義務教育で習ってきた私たちには十分わかっています。本書の目的は、(1)日本語教師として、日本語をどのように**分析する**のか、そして、(2)学生に、どのような**分析をさせる**ことによって日本語を習得してもらうのか、この二点を掘り下げることにあります。

■フィーリングだけでは学べない、教えられない

　外国人の教師による日本語の教え方を観察していますと、かれらがおもしろい着眼点で日本語を教えているのに出くわすことが多々あります。そんな例を、ここで一つご紹介しましょう。

　「何」という言葉の読みには「ナニ」と「ナン」があるのはご存知のとおりです。日本人は無意識に、この二つの読みを使い分けています。私たちは、「ナニと言いましたか？」、「それはナニですか？」、「それはナニの本ですか？」などという間違いはせず、ちゃんと「ナンと言いましたか？」、「それはナンですか？」、「それはナンの本ですか？」と言っています。この場合、どうして「ナニ」ではなくて「ナン」なのか、たいていの日本人は疑問にも思わないでしょう。

　ある時、アメリカ人の先生の授業を見学していると、「あとに続く音が[t]か[d]か[n]の場合、または数詞が続く場合は、『ナン』を、それ以外は『ナニ』を使う」と説明していました。たしかに、そう言われてみればそうなのです。上の例文でも「なんと」、「なんで」、「なんの」と、それぞれ[t]、[d]、[n]の音が続いていますね。また「犬は何匹いますか？」のように、数詞がきたときは、たしかに「ナンビキ」であって「ナニビキ」とは言いません。

　この先生は「ナン」と「ナニ」を取り巻く音韻の規則性を見つけて、それを学生に教えていたわけです。おそらくこの先生は日本語を「フィーリング」で習得したのではなく、系統立った一つの「言語システム」として学んだのではないでしょうか。つまり、この先生の教え方の工夫は、自分が習得した言語システムから必要な知識を上手に抽出した作業の成果なのです。

　一方、私たち日本語を母語とする者は、日本語という言語システムの習得が幼児期にすでに完了してしまっているがために、日本語の言語知識を潜在意識層に置いてきてしまっている、つまり頭の中の「言語知識の引き出し」を錆びつかせているか、またはその引き出しの開け方を知らないでいるのです。本書では、これらの「引き出し」のいくつかを皆さんと一緒に開けてみようと思っています。そして知識の引き出しを開けるテクニックを身につけることによって、本書でカバーしていない数々の日本語教育の問題点にも目を向けられるよう構成したつもりです。文中では専門用語はできるだけ避けるよう努めましたが、本書を読まれて語学教育、または言語学に興味を持たれた方は、それぞれの専門書に当たることを強くお勧めします。

　日本語教育に足を踏み入れたばかりの方には、日本語教育の現場で「知識の引き出し」をスムースに開けるための潤滑油として本書を役立ててもらえれば幸いに思います。また、日本語教育経験の豊富な方には、一読されて「こういうアプローチもあるのか」と感じていただければ幸いですし、学習者が学びやすい環境を作るには教師の言語知識がどう生かされるべきなのか、ということを念頭に読み進めていただければと思います。

　本書では日本語との比較として、主に英語の例を引きました。ご存じのように日本語と英語は、まったく異なった言語です。これは一般に言えることですが、習おうとする言語と学習者の母語が語源的に離れていればいるほど、その言語の文法概念の理解には、より多くの時間がかかります。たとえば、韓国人学生とアメリカ人学生では、同じスタートラインで日本語を学び始めても、語源的に日本語に近い韓国語を話す学生のほうが習得のスピードは早いですし、また、苦労して英語を学ぶ私たち日本人にくらべ、ヨーロッパ人がいとも簡単に英語をマスターしてしまうのも同じ理由によります。

　本書の例文に英語を選んだのは、英語が言語概念的に日本語の対角線上に

あるという理由からです。このコントラストにより、日本語の文法概念の特徴・独自性がはっきりしてくるのです。英語以外の言葉に明るい方でしたら、例文をそれらの言葉に置き換えてみるとおもしろいかもしれません。

　構成としては、基礎レベルより徐々に細かい点に論点を絞っていきましたが、好きなところから読み始めても不備のないように心がけたつもりです。

　さあ、それではそろそろ皆さんと一緒に、日本語教育の知識の引き出しの一段目を開けてみることにしましょうか！

《第1章》

日本語らしい日本語を話させるために：
主題『は』の構造

この章のポイント

・日本語らしい日本語を習得させるには、文の基本構造を最初に教える
　ことが必要。
・日本語の基本文構造は、『主題の提示』と『主題に関しての話者の叙
　述』からなる。

1-1　ブロークン・ジャパニーズを話させないために

　言葉を習うということは、その言葉の言語体系を習得するということにほ
かなりません。『言語体系』、これを広い意味での『文法』と呼んでもいいで
しょう。語学学習の目的は、コミュニケーション技能の習得にあるわけです
が、正確なコミュニケーションの習得は文法の習得なくしてはありえないの
です。

　もちろん「ワタシ　イキマス　ホンヤ　キノウ」などといったブローク
ン・ジャパニーズでも、ある程度の意思の疎通はできます。しかしそれは完全
なコミュニケーションではなく、多くの学習者はそのようなレベルに満足せ
ず、意思の疎通がしっかりできる高いレベルでの言語習得を求めています。

　これはとくに、日本語を仕事で生かしたいと思っている学習者にとっては
なおさらでしょう。また、日本語のように話し言葉と書き言葉のギャップが
大きい言語を習得する場合、文法に強いということは、のちのち非常に大き
いメリットとなってきます。

　正確なコミュニケーション技能を学習者に習得させるために教師に必要と
されるのは、「文法体系の整理」だと私は思っています。誤解のないように
しておきたいのですが、なにも私はクラスで文法の講義をみっちりすべきだ
と言っているのではありません。私が言いたいのは、どんな教授法で教えて

いるのであれ、教師は日本語の体系、つまり文法を知識として持っておき、必要に応じてその知識を上手に取り出すということなのです。それも私たちが学校で習った「国語的」知識ではなく、日本語学習者にわかりやすく学習させるために整理しなおした「日本語学的」知識です。

この章では、私たち日本語教師の文法知識の整理の手始めとして、「ワタシ　イキマス　ホンヤ　キノウ」のようなブロークン・ジャパニーズに学習者を落としこまないための、日本語の基礎中の基礎、「文の構造」について見ていくことにしましょう。

1-2　語順の柔軟な言語 vs. 語順の固定した言語

日本語というのは、述語さえ文末に置きさえすれば、あとは語順をならべかえても意味が通じてしまう言語です。たとえば、「バレンタインデーに花子ちゃんが太郎君にチョコをあげたんだって！」という文は、名詞の順序を変えて「太郎君に花子ちゃんがチョコをバレンタインデーにあげたんだって！」としても基本的な意味は変わりません。

このように言葉の順序を自由に変えることができるのは、動詞が文末にくる言語、つまりSOV（主語 - 目的語 - 述語）言語ではとりたてて不思議なことではありません。なぜなら、SOV言語の多くは日本語でいうところの『てにをは』、つまり助詞、またはそれに類似したシステムを持っていて、それぞれの語句と動詞との関係を明らかにしているからなのです。

しかし西欧語のように〈主語 - 述語 - 目的語〉の語順、つまりSVO構造を持つ言葉を母語とする学習者の目には、日本語における語順の柔軟性はかなり奇妙に映るようです。学生の中には「決まった語順がないなんて、日本語って、なんていいかげんな言葉なんだろう」と思う者もいるかもしれません。

この否定的イメージは、逆の意味で、私たちが英語の習い始めに抱いたイメージと似ているとは思いませんか？　英語の語順は一部の副詞などを除けば、かなり固定しています。私など中学に入って英語を初めて習った時に、「SVOOは第四文型、SVOCは第五文型云々」などと覚えさせられ、「英語っていうのは、なんて堅苦しい言葉なんだろう」と思ったものです。

　外国語を習う際の第一印象は、学生のこれからの学習態度を決定してしまいます。いきなり最初から「日本語＝いいかげんな言葉」などと決められてしまっては、教える方もやりづらいですし、だいたいその学生にとって何のメリットもありません。この点を念頭において、教師が言語概念を導入する際の重要なポイントを、まずここで明確にしておきましょう。

> 学習者の母国語と根本的に違う概念は、学習者が
> 間違った固定概念を持つ前にしっかり導入する。

　外国語習得では、最初に間違ったクセがついてしまうと、あとで直すのは至難の業です。語学教師はこのことを常に心に留め、学習者にいいスタートを切らせることが求められるのです。

　また、学習者の母語と決定的に異なる概念はできるだけ**肯定的**に教えることが重要です。日本語を西欧語と比較して、「日本語は論理的じゃない」などと卑下して教える人をときどき見かけますが、こんなことを言われても学生にしてみれば「じゃあ、どうすればいいの？」ということになるだけですから、こういった非生産的なコメントは絶対避けるべきです。日本語に独特な表現とは、いわば日本人の思考法を映し出しているものなのですから、積極的に教えていくのが、結果としては日本語らしい日本語を学んでもらう近道になるのです。

　それでは、学習者の母国語が日本語とまったく異なる文構造を持っている場合、教師はどういったイメージで教えていったらいいのでしょうか？　たしかにある意味では、日本語の語順は「いいかげん」ともいえるのですが、この事実を肯定的なイメージで教えるには、以下にあげる「二つの約束ごと」を学生にインプットすることが重要になってきます。

日本語を理解するための二つの約束ごと

1. 『誰が、どこで、何をした』などの文中における役柄（主語や目的語など）は、『が』や『を』という「マーカー」で表示すること。
2. 述語は必ず文末に置くこと。

　この二つの約束さえ守れば、語順はほとんど自由なのだということを折を
みて学生に認識させてください。こうすることにより、「日本語＝いいかげ
んな言葉」などと考えることなく、「日本語＝気楽な言葉」としてリラック
スした気持ちで、日本語に取り組ませることができるのです。

　さて、この二つのポイントをどのように導入するかですが、授業で文法説
明を取り入れている教授法なら問題はないのですが、そうでない場合はそれ
なりの工夫が必要となってきます。たとえば、助詞の部分に強調アクセント
をつけて話してあげたり、意図的に語順を変えた同義の例文を与えたりする
といった工夫です。同義の例文は、プリントにして示すと大きな学習効果が
あります。たとえば、「きのう田中さんが本をくれました」という文なら語
順のバリエーションは、次の通り六つあります。

> (a)　きのう田中さんが本をくれました。
> (b)　きのう本を田中さんがくれました。
> (c)　田中さんがきのう本をくれました。
> (d)　田中さんが本をきのうくれました。
> (e)　本をきのう田中さんがくれました。
> (f)　本を田中さんがきのうくれました。

　プリントに六つのバージョンを全部書き出し、述部や各助詞に下線を引く
ことによって、上述の「二つの約束ごと」を学生に理解してもらうことがで
きます。このようにプリントを十分活用するためにも、書き言葉、少なくと
もひらがなの導入は、ぜひとも早いうちにしておきたいものです。

　こういった教師の準備・努力により学生の心構えは、日本語学習のスター
トラインで、かなり前向きになります。教師としては、ここからが正念場と
いえます。なぜなら、先ほど見た『日本語を理解するための二つの約束ごと』
と併せて、できるだけ早い時期に基本文構造の概念を体得させねばならない
からです。文構造を教える上で避けて通れないのが『が』や『を』といった
助詞なわけですが、ここに一つの難関が立ちはだかってくるのです。

1-3　一筋縄でいかない『は』

「動作の目的語は『を』、主語は『が』で表しますよ」などとスムースに教えていて、学生もそれなりにわかったつもりでいるところに水を差すのが、悪名高い（？）『は』です。

「主語についているみたいだけど、他の場所にも現れている」と、何も知らない学生にしてみれば、この『は』というのは不気味な存在です。いや、学生にとってだけでなく、教師にとっても不気味な存在なのですが……。

この『は』をうまく料理していくことが、日本語の基本文構造の理解を体得させる近道なのです。では、『は』とはいったい何なのでしょう？　一見『主語』のようですが、そうすると、『が』の立場はどうなってしまうのか、という疑問が浮かんできます。第一、『は』がつくのは主語だけとは限らないのです。例文(1)を見てください。

(1)　その花はきのう私が買ったんです。

「その花」というのは、「買った」の目的語以外には考えられませんよね。

こうしてみると、日本語を知っているつもりの私たちでも、『は』を教えるというのは一筋縄ではいかないものだということに気づきます。これが日本語を習い始めた学生であれば、『は』の不可解さはなおさらでしょう。

この章のタイトルは『日本語らしい日本語を話させるために』です。私は、日本語が日本語らしく聞こえるための一番の要素は『は』をベースにした文構造だと思っています。『は』を克服できた学生は、日本語的発想ができ、他の文法概念も楽に体得でき、ひいては日本語らしい日本語を話せるようになるのです。

勉強熱心な学生なら、必ず「『は』って何？」、「『は』と『が』の関係は？」という疑問を持ち、質問をぶつけてきます。ここでシドロモドロの中途半端な説明をしたり、「そのうちわかるから」などとその場しのぎでごまかそうものなら、学生は初歩の初歩でつまずいてしまいます。以前、「『は』は、しょせん日本人でなければわからない」と、教師が学生に開き直っている場面に遭遇してびっくりしたことがありますが、これなど言語道断、学生に白旗

をあげて「教師敗北宣言」をしているようなものです。

　『は』の問題は、ちょうど私たちが英語を習いたてのころ、冠詞 “the” と “a” の概念を教師にうやむやにされて、結局わからずじまいで英語を習い続けてきた、あのいやーな経験に似ています。この “a” と “the” だって、英語のネイティブ・スピーカーの先生にベラベラまくしたてられたからといって、その文法概念がマスターできるものでは決してないのです。

　自発的に参考書を手にとって「フムフム、『は』と『が』の違いは、こうなっているのか！」などと調べるような奇特な学習者は、ほとんど皆無でしょうから、やはり教師による導入が大きなウエートをしめることになります。クラスの始めに、学生に向かって「日本語は気楽な言葉ですよー！」などと大風呂敷を広げたからには、ここは責任を持って『は』に対処しないことには日本語スペシャリストの沽券にかかわります。「あんな調子のいいこと言わなければよかった」と後悔しても、ここまできては時すでに遅いのですから、一つ踏んばって『は』にぶつかっていこうではないですか。

1-4　『は』の役割

　『は』は、それだけで分厚い本ができてしまうほど奥の深い文法事項ですが、ここでは日本語教育に必要な点だけに集中して考えていきましょう。

　私たちは、ごく当たり前に日本語を使っていますが、日常会話に耳を傾けてみると、会話を取り巻く状況やコンテクストに思いっきり身を任せ、無駄をいたるところで省き、それでいて言いたいことはしっかり押さえるといった特徴を持った言語であることに気づきます。一例をあげて説明しましょう。こんな状況を想像してみてください。主人公のあなたは中学生です。そして場面は、厳しいことで有名な国語の田中先生の授業が始まる前の休み時間。田中先生は宿題を頻繁に出すことで有名な先生です。隣に座っているのは友達の山田君。まず、あなたが山田君にこう聞いたとしましょう。

　　Q：ねえ、した？

　山田君からは、次のような答が返ってくるのではないでしょうか。

　　A：　ああ、もちろんしたよ。／まずい！　忘れた！

　山田君の答は、会話の置かれた状況、つまり「次は国語の時間。国語の担当は宿題魔の田中先生。宿題を忘れるとあの先生は怖い！」といった要素の把握によって発せられたわけです。（もっとも、山田君が鈍感な少年なら、「したって、何を？」とオメデタイ答が返ってくるかもしれませんが……）

　上のような状況なら、「ねえ、**宿題（を）**した？」のように「宿題（を）」という目的語をわざわざ入れないでしょう。ましてや隣に座っている山田君に面と向かって、「ねえ、**山田君は／君は**宿題をした？」などと相手の名前または代名詞をいちいち入れたりはしません。そんなことをしたら、まわりくどい感じがします。山田君の答にしても同様です。「まずい！　**僕は宿題**を忘れた！」とは普通の会話では言いませんね。

　これを英語と比較してみてください。いくら状況がはっきりしているから、まわりくどいからって、"Did?"、"Yes, of course, did!"、"Oh! Forgot!" なんて言えません。なんといっても英語では主語と動詞は必須項目なのですから。

　「した？」のような文、これこそが「十分な状況がそろっていれば、省略をどんどんしてもいい」という日本語の発話上の特徴なのです。（『発話』とは耳慣れないかもしれませんが、つまり「ものを言う行為」ということです。）

　韓国語のように日本語の文法と似ている言語を話す学生ならともかく、そうでない学生には、この「状況次第で言葉の形を省略できる」というしくみが苦手です。『発話状況』というものは、その社会（上の例文の場合なら、『中学のクラス』）に溶け込んでいないと見えてこないものですから、外国人学習者にとってわかりにくいというのも無理のないことだといえましょう。日本社会のメンバーである私たちにとっては至極便利なこの『状況による省略』システムは、外国人にとっては不明瞭極まりないシステムだということを、私たちは心に留めておかねばなりません。

　ここまで読んでこられて「『は』の話のはずなのに脱線しているじゃないか！」と思っている方、いえいえ、いまお話しした日本語の特徴はどうしても、これからお話しする『は』の理解に必要なのです。

　先の会話において、皆さんと山田君が置かれた状況における会話の中核、つまり会話の『主題』の役を果たしていたのが「宿題」という言葉でした。この『主題』が、聞き手に十分推測可能であったがゆえに省略されていたわけです。では、その逆に、**話者が会話の主題を聞き手に知らしめたい時にはどうなるのでしょうか？**　……そうです、ここで『は』が登場するのです。この意味での『は』を一般に「主題化の『は』」と呼びます。韓国語などにも同様の『主題化』が存在しますが、ほとんどの西欧語には存在しないか、または存在したとしても、その用法は非常に限られたものです。

　『主題化』とは、話者が聞き手に対して「これから私は○×について話しますよ」と親切に知らせてあげるということです。ですから、日本語は「聞き手にやさしい」言語といってもいいでしょう。この文法的特徴は、できるだけ早い時期に教えることが肝要です。『主題化』という日本語の特徴をないがしろにして、「『が』は主語、『を』は目的語……」などと教えても日本語の本質にはこれっぽっちも触れていないのだということを覚えておいてください。少々大げさに言えば、『は』の機能を知らずして日本語の基本文構造の理解はありえないということです。

1-5　日本語の文のしくみ

　くりかえしますが、『は』の基本機能は、話者が聞き手に会話の主題を明確にすることです。『は』には、この他に『対比』の機能もありますが、これについてはセクション1-10で説明します。

　『主題』の『は』は、ほとんどの場合文頭に現れます。[注1]　そして『は』に続く文が、この主題に関しての話者の『叙述』となります。たとえば、

　　(2)　僕<u>は</u>エンジニアです。

という文の主題は「僕」、そして「僕」に関する叙述部分は「エンジニアで

注1 文頭以外に現れる『は』は『対比』の『は』です。なお、ここで言う「文」とは単文のことで、埋め込み文や複文は含みません。

す」ということになります。つまり話者は、この文で「僕に関しての話なんですが、職業はエンジニアなんです」ということを言っているわけですね。

　それでは、次のすし屋での会話はどうでしょうか？　B氏の答に注目です。

　(3)　すし職人：次は何握りやしょうか？
　　　　　A氏：ええと、はまちを頼もうかな。
　　　　　B氏：う〜ん……　僕<u>は</u>ミル貝！

「僕はミル貝！」の文は、形の上では「僕はエンジニアです」と似ていますが、その意図するところはまったく違います。外国人学習者には「僕」がすし屋に行って突然ミル貝に変身してしまったように聞こえるらしいのです。これは『は』を主題と錯覚しているからなのですね。注2

　しかし『は』が（主語ではなく）<u>主題</u>であり、それに続くのが<u>主題に関する叙述</u>であるということを知っており、さらに、会話がすし屋で行われたということがわかっていれば、話者が、次のようなことを言いたいのは明白です。

　(4)　【え、僕？　次ねえ……　じゃあ、ミル貝をたのもうかな】

　つまり、日本語の『主題 - 叙述』の文構造とは、その文を取り巻く状況によって解釈される点に特徴があるのです。

　この『主題 - 叙述』の関係を図示すると、次のようになります。

主題	主語　他の語句（副詞等）	目的語　述語
……は	……が　………………………	……を　……。

〈主題〉　　　　　　　　　　〈叙述〉

　この骨組みで、実際に例文を見てみましょう。

　(5)　私が課長にその報告書を出しました。

注2 日本から観光でアメリカに来た私の知り合いはレストランで注文を聞かれ、"I am steak." と言ってウエイトレスをびっくりさせていました。日本語の「私はステーキ」の感覚で注文してしまったわけですね。

　日本語を母語とする皆さんが、まずこの文を耳にしたら「唐突にナンダ？」と思うのではないでしょうか？　なぜ唐突に聞こえるかというと、この文には、話者が何について叙述しているのかを示す『主題』がないからです。これを上で見た骨組みに当てはめてみましょう。

主題	主語　他の語句	目的語	述語
？	私が　課長に	その報告書を	出しました。

〈主題〉　　　　　　　　　　〈叙述〉

　『主題』の部分が空白なことがわかると思います。ところで、この文には動詞以外の語句が「私」、「課長」、「その報告書」と三つあります。可能性としては、これら三つそれぞれを主題にすることができます。たとえば、話者が話題にしたいものが「私」ならば次のようになります。

主題	主語　他の語句	目的語	述語
私は	ø　課長に	その報告書を	出しました。

〈主題〉　　　　　　　　　　〈叙述〉

　叙述部分にある主語の下が「ø」となっているのは、意味的にはここにあるべき語句が『主題』としてすでに使われているということを示しています。つまり話者は、「私」という言葉を**意味的には**主語として認識してはいても、**文法的には**主題として使っているということです。

　この文は「**あなたは何をしましたか？**」といった質問の答として自然に聞こえますね。言い換えれば、この文の「私」という『主題』に関する話者の叙述は、「課長にその報告書を出した」ということです。

　話者が話題にしたいもの、つまり『主題』が「課長」ならどうでしょうか？

主題	主語　他の語句	目的語	述語
課長には	私が　　ø	その報告書を	出しました。

〈主題〉　　　　　　　　　　〈叙述〉

　この文では「**課長には**一体誰が何をしたのか？」という叙述が中心となっていることがわかりますよね。

　話者の『主題』が「その報告書」の場合、文構造は次のようになります。

主題	主語	他の語句	目的語	述語
その報告書は	私が	課長に	∅	出しました。

　〈主題〉　　　　　　　　　　〈叙述〉

　これは「一体、**その報告書が**どうしたのか？」という点についての話者の叙述、つまり「ああ、あの報告書なら私が課長に出しました」ということです。

　このように一連の『主題‐叙述』の関係を見てみますと、『主題』と『叙述』は、次のように定義できます。

> **主題・叙述の定義**
>
> 主題　＝　話者が聞き手と<u>共有したいこと</u>
>
> 叙述　＝　話者が聞き手に知らしめたい<u>新しい情報</u>

　この重要ポイントを教師が素通りしてしまうと、学生には日本語の基礎文構造がわからないままになってしまいますので要注意です。

　ここまで、『主題‐叙述』の構造をできるだけ早い時点で学生に知ってもらうことの重要性をお話ししてきましたが、この概念をどうやって実際に導入するかは、皆さんの教授法のタイプによって大きく変わってきます。とくに授業で日本語しか使わない直接教授法では、いま述べたことを講義方式で教えるのは不可能です。こんな場合、かなりの効果をあげるのがプリントの活用です。たとえ授業で使っている教科書がすでにあったとしても、プリントを副教材にして、いまお話しした基本文構造を図示すれば、学生は頭の中を整理することができるわけです。

　学生というのは、教師が思っているほど教科書を活用しないものです。どんなに懇切丁寧な教科書でも、やはり教師対学生というパーソン・トゥ・パーソンの接触が主体の語学教育現場では、教科書の存在は薄くなってしまい

がちですから、たとえ内容が教科書のそれと重複してしまっても、教師が手作りで用意したプリントにまさるものはありません。プリントはバインダーに綴じるよう指導するといいでしょう。学生は重宝がってくれるはずです。

1-6　主題になれるもの

ところで、これまで無造作に『主題、主題』と言ってきましたが、一体どういうものが『主題』になりうるのかを、ここで知っておきましょう。主題は大きく分けて五つのカテゴリーがあります。

タイプ1：会話の中ですでに話されている事柄を指す場合

会話中、ある事柄がすでに話題にのぼっていて、そのことについて叙述したい場合、その事柄は『は』で表されます。たとえば田中さんという人物について話していて、その人が学生だという叙述をつけ加えるのならば、次のようになります。

　　(6)　田中さんは学生なんですよ。知っていました？

こう見てみると、日本語というのは、話を最初からちゃんと聞いていないとチンプンカンプンになってしまう言語だということがわかります。この点はとくに、読解練習の際、重要度が増してきますので、早いうちに学生に理解させておくことが是非とも必要です。

タイプ2：話者と聞き手の間で視覚的に分かち合われているものを指す場合

これは主に「これ」、「その」、「あの」といった『こそあど』表現に関するルールです。たとえば、本を一冊手に取って、その本がおもしろいことを聞き手に教えてあげる場合、その「本」は両者にとって視覚的に分かち合われているわけですから、次のように言うことができます。

　　(7)　この本はおもしろいですよ。

遠くのものを指して「あれは何だ？」と言うのも同じ用法ですね。

タイプ3：話者の叙述が聞き手に肯定されるという確信がある場合

　これだけでは何のことやらよくわかりませんので、簡単な例で考えてみましょう。まず、本屋に英和辞典を買いに行ったとしましょう。あなたは「本屋なら英和辞典があるに決まっている」と思っているはずですし、さらに「そこに英和辞典がある」ことが聞き手（＝本屋側）に肯定されるという確信も持っているはずですから、次のように聞くことができます。

　　(8)　英和辞典は（おいて）ありますか。

　この例文の『は』を『が』に置き換えてみれば、『は』の機能がさらにはっきりしてきます。

　　(9)　英和辞典が（おいて）ありますか。

　『が』がつくと、話者の期待感が伝わってこないのがわかると思います。
　もう一つ例をあげてみましょう。皆さんが厳しい先生なら、当然学生がきちんと宿題をしてくることを「期待」することと思います。そこで授業の初めに、こんなことを言うかもしれません。

　　(10)　宿題はしてきた？

　今の例文の『は』を『を』に置き換えたらどうなるでしょうか。

　　(11)　宿題をしてきた？

　例文(9)の『が』同様、『を』も話者の期待感を含まないことがわかります。この『は』は期待感の『は』というキーワードで教えるといいでしょう。

タイプ4：聞き手に理解されていると思われる事柄を指す場合

　このタイプは、ある事柄を話者と聞き手の間で「共有する」という意味で、『タイプ2』に似ています。しかし視覚的に共有するのではなく、それまでの会話から「何を共有しているのか」を聞き手につかみ取らせるという意味で、このタイプは高度な文脈理解を要求する、初級学習者にはなかなかむず

かしい用法といえましょう。

例を見ながら考えてみましょう。こんな場面を思い浮かべてください。あなたのお姉さんが帰宅して冷蔵庫をゴソゴソやっています。どうやら、おやつのケーキを探しているけど見つからないようです。それもそのはず、おなかがペコペコのあなたが食べてしまったのですから！「あら、どこかしら？」と言っているお姉さんに、あなたは先回りして次のように答えたとします。

(12) （嘘をついて、）ああ、あれは古かったから捨てちゃったよ。

話者であるあなたは、聞き手であるお姉さんに「あれ」と言えば、お姉さんにもピンとくるだろうという前提で、いまのように言っているわけですね。

このタイプの『は』は、『なら』に置き換えられるのが特徴です。

(13) ああ、あれなら古かったから捨てちゃったよ。

『なら』というのは「もし、それが本当であるとすれば」という意味を持つ仮定法ですから、共有しているものを聞き手に確認させる機能を持つタイプ4の『は』とは同類というわけです。『なら』に関しては第8章で詳しく話していますので、参照してください。

タイプ5：定義づけや数式のように、X＝Yが成り立つ場合

「X」というモノ、またはことについての定義づけをするとしましょう。この「X」は話者・聞き手の両者で了解済みの事項であり、定義の部分は聞き手にとって新情報という『叙述』にあたるわけですから、典型的な『主題‐叙述』パターンということになります。例文を見てください。

(14) 鯨は哺乳類です。
(15) 1＋1は2だ。

上の五つの用法から『は』の基本機能をまとめると、次のようになります。

『は』の基本機能

聞き手に『叙述』という新しい情報を与えるための『導入部』

　文法書などでは、「『は』は**古い情報である**」と説明しているものもありますが、これではちょっとわかりにくいのではないでしょうか。むしろ、「『は』の役割とは、話者の頭の中にある『叙述』部分を聞き手にスムースに紹介するための『導入部』である」と言う方が、すんなり理解されると思います。

1-7　『は』と『が』の混同を避けるために

　学習者の母語が西欧語のように『主題‐叙述』構造を持たない場合、心に留めておくべき点が一つあります。それは主題の『は』と主格（主語）の『が』の相違についてです。

　文法重視の教科書を見てみますと、主格の『が』を真っ先に導入しているものが多いことに気づきます。たとえば、「Ｑ：テーブルに何がありますか？‐Ａ：ペンがあります」のような演習ですね。『主語』と『述語』という概念はすべての言語に存在しますから、主格の『が』がいち早く導入されても、学生はそれなりに『が』を理解することができます。たとえば、「田中さんが本を買いました」という文は "Tanaka bought a book." という意味で、「田中さん」が、この文の『主語』であることを学生は理解してくれるわけです。

　では、主格の『が』の導入後に、「田中さんは本を買いました」という『主題』構文に出くわしたとしたらどうなるでしょうか？　この文も意味的には先ほどの文同様、"Tanaka bought a book." なのですから、ここにきて学生は大きな壁にぶち当たることになるのです。つまり『が』を『は』よりも先に導入してしまうと、『は』の理解に支障をきたす可能性が高くなるのです。

　それでは反対に、『が』の導入・説明を意図的に先送りして、その代わりに『は』を含んだ文を集中的に導入する、つまり『主題』という日本語が持つ文法的特異性を、まず最初に学生に身につけさせることを考えてみたらどうでしょう？『は』は必ずしも主語を表しませんから、この方法ならあとになって『が』が出てきても、「ああ、これは主題ではなく、**叙述部分の主語を表す助詞だな**」と、すぐわかってもらえるはずです。

　以上の理由により、『は』の構文を最初に集中的に導入することを私は主

張したいのです。しかし「言うは易し、行うは難し」です。日本語の基本文ともいえる『主題‐叙述』構文を初期のレベルで定着させるには、実際にどのような演習をしたらいいのでしょうか。

　重要なのは、日本語初級という学生のレベルを考慮して、演習パターンをできるだけ単純なものに絞りながらも、なおかつ『主題‐叙述』の相関関係がはっきりわかるようなパターンを選ぶということです。この意味において、『自己紹介』の演習は初級レベルにおいて非常に有効なパターンといえます。

　　(16)　私の名前は○×です。

「私の名前は」という導入部（=『主題』）に続いて現れる「○×です」は話者の『叙述』、つまり新しい情報です。いうまでもなく、自己紹介というのは、自分の名前を聞き手にわかってもらうためにするのですから、『主題‐叙述』構文の導入にはぴったりです。この練習を拡大して次のようなスキットにすれば、さらに効果的でしょう。

　　(17)　Ａ：すみませんが、お名前は（何ですか）？
　　　　　Ｂ：（私の名前は）Ｂです。〈Ａに対して〉お名前は（何ですか）？
　　　　　Ａ：（私の名前は）Ａです。

　ここでは叙述部の「何ですか？」と、主題部の「私の名前は」をカッコに入れていますが、学生がこの練習に慣れてきたらカッコ部分を省略して「了解済みの事項は省略してもいい」という日本語の特徴を教えてもいいでしょう。この自己紹介のスキットでクラスを一巡したら、

　　(18)　○×さんはどこですか？

と学生に聞き、○×さんを指さささせたりすれば、『は』も自然に受け入れられるし、クラスメートの名前も覚えられるし、まさに一石二鳥です。

　また、動詞をいくつか導入したあとなら、それらを使い、授業の初めにウォーミング‐アップとして「○×さんは、きのう何をしましたか？」のような質問をしたり、また学生間で質問をさせたりするのもいいでしょう。さらに、その答から新たな質問を次々に作らせていく演習も効果があります。な

ぜなら、前文の答から質問を作るということは、発話状況をもとに新たに『主題』を考えるということだからです。たとえば、次のような会話の発展パターンは、ごく初級のクラスであっても、単語さえそろっていれば比較的容易にすることができます。

(19)　学生 A: Bさんはきのう何をしましたか？

　　　学生 B: 私は本を読みました。

　　　学生 A: a. その本の名前は何ですか？

　　　　　　　b. その本はいくらでしたか？

　　　　　　　c. その本はおもしろかったですか？

　　　　　　　d. Bさんは本が好きですか？　　　　など

　ここで学生Aが聞いている質問はすべて『主題』で始まっていることに注目してください。「その本」、「Bさん」などの『主題』は会話の中ですでに共有されている事柄ですから、学習者に『主題』の概念を植え込むには最適な練習と言えます。このようにブツ切りの会話ではなく、(19)であげたような「発展させる会話」をウォーミング‐アップとして使えば、学生も次第に『は』の使い方を体で覚えるようになっていきます。

　私の場合、クラスの始めの1〜2分を使って学生間でペアを作らせ、その時間内で、どれだけ質疑応答ができるか試させたりしています。時間があれば、そのやり取りを書き取らせ、クラスで発表させるのもいいでしょう。

1-8　『は』と『が』の違いをわからせるための演習

　セクション1-7では、『が』に先行して『は』を導入することの重要性をお話ししましたが、ここでは『が』、『は』二つの助詞の役割が初級レベルの学生にも、すんなりわかってもらえる演習パターンについてお話しします。まずは次の二つの文からごらんください。

(20)　本屋はデパートの前にあります。

(21)　デパートの前には本屋があります。

　この二つの文を英訳すると、どちらも"The bookstore is in front of the department store."となってしまいます。しかし、たとえ英訳は同じでも、日本語の文ではニュアンスがかなり違うことは明らかですね。最初の文は「本屋」について話しているのだし、二番目の文は「デパートの前にあるもの」について話しているわけです。

　この違いは、言うまでもなく『主題』の機能から出ているものです。最初の文は『XはYにあります』というパターン、そして二番目の文は『YにはXがあります』というパターンです。各パターンの目的は次の通りです。

『XはYにあります』の目的：　Xという物を探す
『YにはXがあります』の目的：Yという場所に何があるかを知る

　意味的には同じ情報を含んでいるにもかかわらず、意図するところはまったく違うところに、これらのパターンを演習で使う意義があるのです。とくに二番目のパターンでは、「Yには」という主題に続く叙述部分に「あります」の主語が現れるので、主格の『が』が用いられることに注目してください。

　この二つのパターンは同時に導入しなくては意味がありません。導入例を簡単に紹介しましょう。まず、教室の床に大きい地図をひろげて、店、駅、図書館、トイレ、公園、人などを配置します。最初は『XはYにあります』のパターンから演習していきます。探してもらいたい人、または場所を黒板に書き、二人の学生（AさんとBさん）に次のようなやりとりをさせます。

　　　Aさん：図書館はどこにありますか？

　答えるほうのBさんには地図を見てもらい、「図書館は」という主題をちゃんと入れて次のように答えてもらいます。

　　　Bさん：図書館は駅の隣にあります。

　二つのチームを作り、このやりとりで、どちらがより多くのものを探せるか競わせてもおもしろいかもしれません。

　こういった演習をして『XはYにあります』パターンを消化させることによって、「探したいもの（または人）は主題部分に、その答となる新情報は叙述部分に現れる」ということが理解できます。さらにだめ押しとして、Bさんの今の答を黒板に書き、『主題』部分と『叙述』部分を明示してあげると、より効果があるでしょう。

　　　［図書館は］［駅の隣にあります］。
　　　　主題　　　　　　叙述

『XはYにあります』パターンが定着してきたところで、今度は『YにはXがあります』パターンにとりかかります。今回も同じ地図を使い、黒板に特定の場所（たとえば公園）を書き、そこにあるもの（または、いる人）を学生にどんどんリストアップさせるのです。質問は次のような形です。

　　　問：公園には何がありますか？

　学生が答える際、「公園には」という主題をちゃんと入れてもらいます。

　　　答：公園にはトイレや電話やブランコがあります。

　さらに、主題は場所であり、その場所にあるもの、つまり新情報は叙述部分に現れるということを黒板に、以下のように図示してあげます。

　　　［公園には］［トイレや電話やブランコがあります］。
　　　　主題　　　　　　　　　　叙述

この『YにはXがあります』パターンを教えることにより、『が』という助詞は『は』とは全く異なる性質を持ち、主語という新情報が叙述部分に現れた際に必要とされる助詞だということがはっきりしてきます。

　似たような演習で、地図のかわりにデパートのフロアー案内図を使うのもいいでしょう。『XはYにあります』パターンでは「かばんは何階にありますか？」などと聞けますし、『YにはXがあります』パターンでは「屋上には何がありますか？」などが聞けます。同時に、デパートにあるさまざまな物も、新しい単語として覚えさせることができるので、楽しく演習できるでしょう。

　以上、「ある」を使った二つのパターンを演習することによって、『は』と『が』の違いがはっきりしてくることがおわかりになったことと思います。

1-9 『は』が出てこない文だってある

　ここまで、日本語の文は『主題』・『叙述』という二つの要素がかみ合ってできることを見てきました。しかし、私たちの日常会話には、『は』が現れない文が多くあることも事実です。とりわけ、話者・聞き手双方で主題が何かが明確な場合は、それこそバサバサ切ってしまうのが日本語の特徴です。

　しかし初歩の段階では、少々回りくどく不自然でも、この『は』は省略しない方が学習者にとってはいいと思います。もちろん「自然な日本語」の習得が究極の学習目標であることになんら異論はありませんが、そのためにはしっかりした基礎が必要なのです。近ごろは、日本語を将来の仕事に生かしたいと考えている学生が多く、こういう学生のニーズに答えるためにも基礎のしっかりした日本語教育が必要です。なにしろ、仕事をする上では単に話せるだけでなく、読み書きも大いに求められるのですから。

　ところで、日本語には『省略』という目的以外にも『は』が現れない文が、しばしば見受けられます。次の例をごらんください。

　　(22)　わっ！　水がつめたい！
　　(23)　バスが来たよ！
　　(24)　わあ、夕日がきれいね！

これら『が』が『は』になると、おかしな文になってしまいます。

　　(22′)　??わっ！　水はつめたい！
　　(23′)　??バスは来たよ！
　　(24′)　??わあ、夕日はきれいね！

おかしくない方の文を図示すると、次のようになります。

主題	主語	述語
ø	水が	つめたい！
ø	バスが	来たよ！
ø	夕日が	きれいね！

『主題』の役割は『叙述部への導入』だったことを思い出してください。

この『主題』の機能を頭に入れて、もう一度『が』がついている方の例文(22)〜(24)を見てみましょう。これらの文の意図するところは、**いま起こっている状況の描写**です。水を触ってその水が「冷たい」ことを描写する、待っていたバスが「来た」という状況を表す、そして夕日が「きれいだ」という状況を描写したうえで感嘆する、これらの状況には、これから話者がしようとする描写、つまり「叙述への導入」などしている**時間的余裕**がないわけです。このように**一時的な状況を描写する時には主題そのものが存在しない**、つまり『は』が現れない文になるのです。

こういう説明も『主題‐叙述』の構造が始めにしっかり入っていさえすれば、学生にすんなり理解してもらえます。何度も言うようですが、学習者の母語が西欧語のように『主題‐叙述』構造を持っていない場合、教師の方で何らかの工夫をしなければ、いま見てきたような文法概念の理解は到底不可能なのです。日本語の本質をはっきりさせないまま学生に学び続けさせ、いつか自然に理解してくれるのを期待するか、それとも日本語を習い始めたばかりの時点で重要概念をスッキリ導入するか、選択肢はこの二つしかないのですが、後者を選択するのであるならば、ここで紹介したような日本語の見方を学生に示すことが必要となってくるのです。

1-10　対比の『は』

主題以外の目的で使われる『は』に、『対比』の『は』があります。通常『対比』の『は』として使われる語句には、強調のアクセントがつきます。また、否定の文で『は』が現れる場合は、一般に対比の意味で使われることが多いということも学生に教えておくといいでしょう。ここで二つほど例文をごらんください。

(25)　山田さんは今日のパーティに来ませんよ。

(26)　A：ビールを飲みますか。

　　　B：いいえ、ビールは飲めないんです。

　例文(25)では「山田さん以外の誰かがパーティに来る」という話者の意図が、そして例文(26)では「Bさんはビール以外の何かは飲める」という話者の意図が含まれています。もちろん、次の例文に見られるように、否定文でなくても対比をすることは可能です。

(27)　Q：田中さんは来ますか？
　　　　A：山本さんは来るんですがねえ……

　また、『は』が**文頭以外**に現れる場合も対比の解釈になるということを、学生に教えておくことが必要です。

(28)　田中さんは、ビール<u>は</u>飲みますよ。
(29)　ビールを田中さん<u>は</u>飲みますよ。

　同じ語句が使われていても例文(28)では「ビール」が他の飲み物と、そして例文(29)では「田中さん」が他の人と対比されていることがわかります。
　しかし、学生にとって一番理解しやすい『対比』のケースは、なんといっても否定文ですので、簡単な疑問文を学生に否定文で答えさせる際、対比する語句に『は』をつける練習をくりかえすのがいいでしょう。その際、次の例文のように、主語、目的語、副詞などの位置に対比すべき語句を置き、バリエーションに富ませると、より効果があります。

(30)　今朝、**トーストを**食べましたか？
　　　⇨　**トーストは**食べませんでした。ご飯を食べました。（目的語）
(31)　**今日**、ラボにテープを聞きに行きますか？
　　　⇨　**今日は**行きません。明日行きます。　　　　　　　（副詞）
(32)　**雨が**降っていますか？
　　　⇨　**雨は**降っていませんが、雪が降っています。　　　（主語）
(33)　○×さんは、**フランスに**行ったことがありますか？
　　　⇨　**フランスには**行ったことがありません。　　　　　（後置詞）

　こういった演習は一回かぎりで終わらせてはいけません。状況がそろっている所では常に使うようにしていくことにより、学生も知らず知らずのうち

に文法概念を理解していくものです。

1-11　『主題=叙述』構造は日本語理解のかなめ

　最後に、もう一度、主題の『は』についてお話ししたいと思います。『主題‐叙述』という文構造は、多くの学習者の母語にない独特な概念のため、私たちはどうも、いざ『は』を教えるとなると構えてしまい、『は』を特別扱いしがちです。しかし日本人にとって、この『主題‐叙述』構文はごく日常的なものですし、また日本語の中核をなすパターンなのですから、最初からどんどん入れていくことが大切です。前にも言ったように、『は』が『主題』として定着してしまえば、『は』と『が』の違いというのもスムースにわかってもらえるわけですから。

　また、この『主題‐叙述』の文構造というのは、中級、上級に進んでいっても、たえずつきまとうパターンだということを心に留めておいてください。たとえば、日本語で、疑問詞を含んだ文は、下の例文に見られるように、『主題+疑問文』の形をとることが多いようです。

(34)　<u>山本さんは</u>、<u>何を買ったの？</u>
　　　〈主題〉　　　〈叙述〉

(35)　<u>パーティには</u>、<u>誰が来ましたか？</u>
　　　〈主題〉　　　〈叙述〉

こういった疑問文とは別に、次のような文も日本語では可能です。

(34′)　【<u>山本さんが買ったの　文</u>】は、<u>何？</u>
　　　　　　〈主題〉　　　　　　〈叙述〉

(35′)　【<u>パーティに来たの　文</u>】は、<u>誰ですか？</u>
　　　　　　〈主題〉　　　　　　　〈叙述〉

　例文(34′)の「山本さんが買ったのは、何？」のような文では、文を主題にし、疑問詞だけを叙述部に置くことによって、その疑問詞を強調しているわけです。「山本さんが買ったのは、何？」のニュアンスが「山本さんは、何を買ったの？」のニュアンスとは違うのがおわかりになると思います。

　文全体を『は』で包みこんでしまうこの構文は、言語習得の面から見ると

かなり洗練度の高いパターンといえます。単に名詞だけでなく、文でさえも主題にしてしまうことができる『は』という助詞の機能は、学習初期に『主題－叙述』構造が理解されて初めて意味を持ってくるのです。そうでなく、この構文を単に「新しい構文ですよ」などと言って導入していたら、上の二つの例文に見られるような微妙なニュアンスの違いは決して学習者にはわかってもらえないことでしょう。

　上の例文(35)と(35′)ではパーティに誰が来たかを聞いていますが、この二つのほかにも、もう一つパターンがあります。三つすべてを見てみましょう。

　　　(35)　　パーティには、誰が来ましたか？

　　　(35′)　　パーティに来たのは、誰ですか？

　　　(35″)　　誰がパーティに来ましたか？

例文(35″)には主題がないので、私たちネイティブスピーカーにはかなり唐突に聞こえると思うのですが、いかがでしょうか？　まるでミステリー小説で、探偵が容疑者に単刀直入に尋問しているような感じです。

　『主題－叙述』の文構造を理解していない学生は、ある意味で不自然な例文(35″)のような言い方をしてしまいがちです。一方、『主題－叙述』構造をちゃんと理解している学生は、どのような時に(35″)の文が自然に使えるのか、そして、この文と例文(35)・例文(35′)の間に存在する微妙なニュアンスの違いもわかるというわけです。

　『は』に関してだいぶ長くなってしまいましたが、何といっても、『は』を中心とした日本語の文構造は、日本語理解のかなめです。ここをしっかり理解していなければ、あとが続かないわけですから、ぜひ押さえておきたいものです。

　最後になりますが、ここで紹介してきた概念は、講義スタイルで導入するよりも、上で取りあげたようなさまざまな演習によって学生の耳にしつこいほど『インプット』し、それらの演習パターンを言わせる、つまり『アウトプット』させることが大切だということも指摘しておきましょう。この『インプット－アウトプット』のやり取りを活発にすれば、学生もおのずと「ハハーン、日本語とはこういう言語なのか！」とわかってくることと思います。

《第2章》

これだけはおさえておきたい
活用の基礎知識

この章のポイント

- 動詞は『一段』、『五段』、『不規則』に分け、五段動詞の活用には五十音図を利用する。
- 構文に使われる述語形には『辞書形』、『語幹』、『て形』の三つしかないことを強調する。

　第1章では、文の最前部にある『主題』を見てきましたが、この章では文の最後部にある『述語』、とくに『活用』について見ていきます。『活用』とは、用法に応じて述部（＝用言）の語尾を変化させることを指して言います。

　『主題』という概念が、どちらかといえばメンタルなものなのに比べ、『活用』にはドライなイメージがあります。そのため教師は、ついつい学生に機械的に活用を暗記させようとしてしまいます。要は正確に覚えてくれればいいわけですが、授業という限られた時間を考えると、やはり合理的かつ容易に活用のしくみが頭に入るような教え方をしたいものです。

　この章では、まず活用の基本知識を踏まえたうえで、主に動詞の活用規則について考えてみようと思います。また、学習者が苦手とする「食べて」、「読んで」、「待って」などの『〜て』形の導入法、そして活用と構文の関連性・教え方についても、学習者の立場から考察していきましょう。

2-1 『です／ます』形だけならよかったのに

　よく初級レベルの学生に「日本語が『です／ます』の形だけだったらいいのに！」と恨みがましく言われることがあります。たしかに「食べる」、「読む」、「学生だ」など存在せず、「食べます」、「読みます」、「学生です」だけ

で通用してしまえば、こんなに楽なことはありません。日本語の述語の活用
は、たしかに複雑だとは思います。しかし、基本概念さえ上手に導入すれば、
それほど苦痛ではないのです。

　まず本題に入る前に、述語の基本事項を確認していきましょう。日本語に
は動詞、形容詞、名詞、そして形容動詞という四つの述語形がありますので、
まずはこの四つの形を『です／ます』形で見てみることにします。注1

動詞

	肯定	否定
現在形	書きます	書きません
過去形	書きました	書きませんでした

形容詞

	肯定	否定
現在形	高いです	高くないです／高くありません
過去形	高かったです	高くなかったです／高くありませんでした

名詞

	肯定	否定
現在形	学生です	学生じゃないです／学生じゃありません
過去形	学生でした	学生じゃなかったです／学生じゃありませんでした

形容動詞

	肯定	否定
現在形	静かです	静かじゃないです／静かじゃありません
過去形	静かでした	静かじゃなかったです／静かじゃありませんでした

注1　なお、『現在形』、『過去形』は正確には、それぞれ『未完了形』、『完了形』とすべきな
のですが、ここではとくに話の進行にさしさわりがないため、『現在形』、『過去形』で通
すことにします。詳しくは第3章をごらんください。

『です／ます』形の導入にあたり注意すべきポイントが二つあります。ま
ず第一点は、動詞以外の否定形です。形容詞・名詞・形容動詞の否定形には
『〜ありません』と『〜ないです』の二つのタイプがあり、丁寧さ・フォー
マルさから見て、どちらを使っても大差はないように思われます。私は『辞
書形』を導入する段になって学生の負担が軽くてすむという理由で、『〜な
いです』の形に力を入れるようにしています。詳しくは、セクション2-4で
お話しします。

　もう一つのポイントは形容詞の活用です。とくに注意を要するのが現在形
の否定と過去形の肯定です。学生は名詞の活用とついつい混同し、「高くな
いです」を「高いじゃないです」、そして「高かったです」を「高いでした」
とやってしまうのです。

　私は授業で、「形容詞の活用の『キーワード』は［k］の音です」と教える
ようにしています。「高い」の『〜い』という音が『〜くない』や『〜かっ
た』というように［k］の音になるからなのですが、このように間違えやす
い文法事項は簡単なキーワードを与えて教えると効果があります。また、活
用のチャートをプリントなどにする際、形容詞のチャートにはキーワードで
ある［k］を書き込んでおくのも目立っていいかもしれません。

2-2　構文習得に必要な辞書形

『です／ます』形はていねいな言い方ですし、また活用もシンプルなため
初級レベルでは便利なのですが、さまざまな構文を教えていく上で、どうし
ても必要になってくるのが『辞書形』です。『辞書形』とは「食べます」を
「食べる」、「書きます」を「書く」とするいわゆる終止形のことで、国語辞
典の見出しには動詞がこの形で出ているため、こう呼ばれるのです。

　辞書形を使わなくてはいけない構文は数多くあります。たとえば、『〜つ
もりだ』という構文の『〜』の部分には「行くつもりだ」のように動詞の辞
書形が入りますし、『〜と思う／〜と言う』のように従属節をとる構文も
「行くと思う」、「行くと言う」のように従属節の述部が辞書形で入ります。

　それではまず、先ほど『です／ます』形のところで見たチャートを辞書形

42

に変えてみましょう。

動詞

	肯定	否定
現在形	書く	書かない
過去形	書いた	書かなかった

形容詞

	肯定	否定
現在形	高い	高くない
過去形	高かった	高くなかった

名詞

	肯定	否定
現在形	学生だ	学生じゃない
過去形	学生だった	学生じゃなかった

形容動詞

	肯定	否定
現在形	静かだ	静かじゃない
過去形	静かだった	静かじゃなかった

　形容詞、名詞、形容動詞の辞書形は『です／ます』のそれと似ているので活用の導入は比較的簡単なのですが、動詞の活用には少々神経を使います。

　動詞の活用にはいくつかの導入法がありますが、ここでは五十音図を使った導入法を見ていきます。言うまでもありませんが、五十音図を使うわけですから、学習者は当然それまでに、ひらがなを十分知っておくという前提条件がつきます。もちろん、ひらがなの配列を五十音のチャートで覚えておいてもらえればさらに好都合です。

2-3　動詞の活用のしかた

　動詞活用で、避けて通ることができないのが不規則動詞です。日本語には「する」と「くる」の二つしか不規則動詞がありません。

　これら不規則動詞の説明は後回しにするとして、それ以外の動詞は二つのタイプに分類できます。ここでは便宜上、『一段動詞』と『五段動詞』という用語を使います。教科書によっては『〔る〕動詞』、『〔う〕動詞』と呼んだり、『タイプ1動詞』、『タイプ2動詞』と呼んだり、さまざまですが、どれも基本概念は同じです。それでは各タイプの特徴を見ていくことにしましょう。

2-3-1　一段動詞の活用

　『一段動詞』というのは『語幹』が変わらないまま活用する、つまり一つの段にとどまって活用する動詞のことです。『語幹』とは動詞の基本の姿のことです。たとえば、「見ます」や「調べます」のように『～ます』のついた形を思い浮かべてください。語幹とは、これらから『ます』を取り除いたもの、つまり「見」、「調べ」のことです。

　『一段動詞』では、この語幹の形が、否定形（＝未然形）、連用形、終止形、仮定形、勧誘形とすべての活用において一定です。つまり語尾変化がないということです。たとえば、いま例にあげた「見る」と「調べる」は一段動詞ですが、これらの活用では語幹の「見」、「調べ」に変化がないことがわかります。

一段動詞の活用

	否定形	連用形	終止形	仮定形	勧誘形
見ます	見ない	見	見る	見れば	見よう
調べます	調べない	調べ	調べる	調べれば	調べよう

2-3-2　五段動詞の活用

　『五段動詞』というのは、活用の種類によって語幹の語尾が『ア段』から『オ段』まで変化する動詞のことです。たとえば「書きます」や「読みます」の語幹は「書き」、「読み」ですが、活用は次のようになります。

五段動詞の活用

	否定形 （ア段）	連用形 （イ段）	終止形 （ウ段）	仮定形 （エ段）	勧誘形 （オ段）
書きます（カ行）	書かない	書き	書く	書けば	書こう
読みます（マ行）	読まない	読み	読む	読めば	読もう

　「書く」なら、「書か、書き、書く、書け、書こ」と五十音図の『カ行』を『ア段』から『オ段』まで五段すべてにわたって活用しています。これが『五段動詞』と呼ばれるゆえんです。ちなみに、『ア段～オ段』の各段を使った文法事項には、次のようなものがあります。

　「ア段」に接続する文法事項

否定形	書かない	読まない
受け身形	書かれる	読まれる
使役形	書かせる	読ませる

　「イ段」に接続する文法事項

マス形	書きます	読みます
タイ形	書きたい	読みたい
連用形	書き	読み

　「ウ段」に接続する文法事項

終止形	書く	読む
連体形	書く＋名詞	読む＋名詞

「エ段」に接続する文法事項

仮定形	書け<u>ば</u>	読め<u>ば</u>
命令形	書<u>け</u>	読<u>め</u>
可能形	書<u>け</u>る	読<u>め</u>る

「オ段」に接続する文法事項

| 勧誘形 | 書<u>こ</u>う | 読<u>も</u>う |

　このように、さまざまな構文が『ア段』から『オ段』にわたってあるわけ
ですが、これらをただ羅列して教えても無味乾燥ですし、だいいち、覚える
にしても親しみがわきません。そこで五十音図が登場するわけです。これら
五段動詞のすべての活用は五十音図上できれいに示すことができます。下に
紹介するチャートでは五段動詞の活用に直接関係のない行は省略してあります
が、もちろん五十音全部入っていてもかまいません。一つ注意すべき点は、
「買います」、「会います」のように語幹が『〜い』で終わる五段動詞は『ア
行』でなく『ワ行』を使って活用するため、否定形では「買わない」、「会わ
ない」になることです。

w	r	m	b	n	t	s	g	k	
わ	ら	ま	ば	な	た	さ	が	か	否定形 受け身形 使役形　ア段
い	り	み	び	に	ち	し	ぎ	き	マス形 タイ形 連用形　イ段
う	る	む	ぶ	ぬ	つ	す	ぐ	く	終止形 連体形　ウ段
え	れ	め	べ	ね	て	せ	げ	け	仮定形 命令形 可能形　エ段
お	ろ	も	ぼ	の	と	そ	ご	こ	勧誘形　オ段
会う 買う	取る 帰る	飲む 読む	運ぶ 呼ぶ	死ぬ	立つ 待つ	押す 話す	脱ぐ 泳ぐ	聞く 書く	

　初級レベルでは『活用』といっても、「書く」や「読む」といった終止形
と、「書かない」や「読まない」といった否定形くらいしか導入できないと
思いますが、この時点で五十音図と各活用の対応をビジュアルな形で学生に
提示しておくのは非常に重要です。遅かれ早かれ、さまざまな構文を習い、
活用形を気にするようになるのですから、早くからこのチャートを学生に配
り、ノートの裏にでも張るように言えば、役立つこと請け合いです。

　ここで話を一段動詞に戻します。一段動詞はその名の通り、一段で活用す
るため、五十音図は用いません。ここで注意が必要なのは、一段動詞活用の
際の語尾変化は、ほとんどの場合において五段動詞の語尾変化と違うという
点です。先ほどの活用リストを、今度は五段動詞と一段動詞を一緒にして見
てみましょう。語尾が大きく異なる活用には「＊」印がつけてあります。

	五段動詞	一段動詞
否定形	ア段＋ない　（書かない）	語幹＋ない　　（食べない）
＊受け身形	ア段＋れる　（書かれる）	語幹＋られる　（食べられる）
＊使役形	ア段＋せる　（書かせる）	語幹＋させる　（食べさせる）
マス形	イ段＋ます　（書きます）	語幹＋ます　　（食べます）
タイ形	イ段＋たい　（書きたい）	語幹＋たい　　（食べたい）
連用形	イ段　　　　（書き）	語幹　　　　　（食べ）
終止形	ウ段　　　　（書く）	語幹＋る　　　（食べる）
連体形	ウ段　　（書く＋名詞）	語幹＋る　（食べる＋名詞）
＊仮定形	エ段＋ば　　（書けば）	語幹＋れば　　（食べれば）
＊命令形	エ段　　　　（書け）	語幹＋ろ　　　（食べろ）
＊可能形	エ段＋る　　（書ける）	語幹＋られる　（食べられる）
＊勧誘形	オ段＋う　　（書こう）	語幹＋よう　　（食べよう）

　一段動詞というのは語幹が変わらないため一見簡単そうなのですが、この
ようにいろいろな構文が入ってくると、むしろ五段動詞の方が五十音図とい
うビジュアルな助けがある分、簡単になってくるのです。

2-3-3　不規則動詞の活用

　最後に不規則動詞です。日本語の不規則動詞は「する」と「くる」の二つ
だけだというのは先ほどお話しした通りです。「する」の活用を『サ行変格
活用』、「くる」の活用を『カ行変格活用』と言います。他の動詞タイプ同様、
ここでも各活用形ごとの語尾変化を見てみることにしましょう。

	サ行変格活用	カ行変格活用
否定形	しない	こない
受け身形	される	こられる
使役形	させる	こさせる
マス形	します	きます
タイ形	したい	きたい
連用形	し	き
終止形	する	くる
連体形	する＋名詞	くる＋名詞
仮定形	すれば	くれば
命令形	しろ	こい
可能形	できる	こられる
勧誘形	しよう	こよう

　英語などの不規則動詞の数の多さに比べたら、日本語の不規則活用はたっ
たの二つなのですから、学生にとっては朗報といえましょう。注2

注2 正確に言うと、『サ行変格活用』は「する」だけではありません。漢語とミックスした
「接する」や「察する」などもサ行変格活用です。また、『ザ行変格活用』とでもいうべき
ものもあります。活用は『サ行変格活用』と同じですが濁音になります。「論ずる」や
「奉ずる」などがそれですが、それほど頻繁に使う言葉ではないのであまり気にしなくて
もいいでしょう。ちなみに、活用は「論じない、論じ、論ずる、論ずれば、論じよう」と
なります。「論ずる」、「論ずれば」のかわりに、「論じる」、「論じれば」も可能ですが、こ
れらは歴史的には新しい形です。

2-4 『ます形』を『辞書形』にしてみよう

不規則動詞「する」と「くる」の辞書形はそのまま覚えてもらう以外に手はないとして、学生が知りたいのは、一体どんな動詞が一段動詞になり、どんな動詞が五段動詞になるのかという動詞の見分け方だと思います。

初級レベルでは、たいていの場合『です／ます形』から日本語を習い始めるので、辞書形の活用を導入する際も、すでに習得している『ます形』の動詞から『辞書形』に変換できることが望ましいわけです。そのために必要な最初のステップは、先ほども少し触れましたが、動詞の『語幹』を見ることです。『語幹』を見るには、『〜ます』で終わる動詞から『ます』を取るだけですから簡単です。ここに、一段動詞と五段動詞の見分け方を記します。

> 語幹が「一音節」または「エ段」で終わっていれば『一段動詞』。
> それ以外は、**基本的には**『五段動詞』。

以下、一段動詞と五段動詞それぞれについて見ていきましょう。

2-4-1　一段動詞の場合

まず、この見分け方から導き出せる一段動詞をあげてみましょう。

① 語幹が一音節のもの
　居ます、射ます、寝ます、得ます、見ます、着ます、
　煮ます、出ます
② 語幹が『エ段』で終わるもの
　植えます、教えます、受けます、投げます、見せます、
　育てます、たずねます、決めます、くれます ……

これらを辞書形（＝終止形）にするには、語幹に『る』をつけるだけですから簡単です。また、これら一段動詞の他の活用形は46ページのチャートにあるとおりです。先ほども言いましたが、重要なのは、一段動詞は五段動詞

と違って、五十音図は使わず、代わりに語幹をそのまま残すということです。ですから、「教えます」の活用なら「教えない、教えます、教える、教えれば、教えろ」となるわけです。

2-4-2　五段動詞の場合

先ほど見たカコミを見ると、一段動詞の範疇に入らないもの、つまり語幹が一音節でないもの、または『エ段』で終わらないものは基本的に五段動詞とあります。これに当てはまる五段動詞には、次のようなものがあげられます。

聞きます、泳ぎます、話します、待ちます、死にます、
呼びます、飲みます、帰ります、買います、　　　　など

下線を引いた語幹の語尾を見てください。『エ段』では終わっていませんし、一音節の語幹でもありませんね。これらは45ページのチャートを見てもわかりますが、語幹の語尾を『ウ段』にすれば辞書形（＝終止形）になります。上の『マス形』を辞書形に変換してみましょう。

聞く、泳ぐ、話す、待つ、死ぬ、呼ぶ、飲む、帰る、買う

また、「話します」の活用なら、「話さない、話します、話す、話せば、話そう」と五段にわたって活用しているのがおわかりだと思います。

2-4-3　クセモノ一段動詞登場

読者の皆さんの中には「一段動詞以外の動詞は基本的には五段動詞」という、私の煮え切らない言い方に不満を感じている方もいらっしゃるのではないでしょうか？　これは決して私が手を抜いているわけではなく、動詞が100％機械的に一段と五段に分類できないからこう書かざるを得ないのです。

たとえば、「起きます」、「できます」、「伸びます」、「借ります」といった動詞を考えてみてください。語幹はそれぞれ「起き」、「でき」、「伸び」、「借

り」です。これらの語幹は一音節でもなければ『エ段』で終わっているわけでもないので、パッと見ると五段動詞のようですが、実はこれらはみな一段動詞なのです。ためしに「起きます」を例に、ちょっと活用させてみましょう。

起きない、起きます、起きる、起きれば、起きよう

全般にわたって語幹に変化がないことがわかります。

また、「かります」も、「刈ります」では「刈らない、刈ります、刈る、刈れば、刈ろう」と五段動詞なのに、「借ります」だと「借りない、借ります、借りる、借りれば、借りよう」と語幹に変化のない一段動詞です。

これら「起きます」や「借ります」のように『イ段』の語幹を持つクセモノ一段動詞のことを、分類上『上一段動詞』と呼びます。ちなみに、すぐに一段動詞だとわかる『エ段』の語幹を持つ従順な動詞たちは『下一段動詞』と呼ばれます。

残念なことに『上一段動詞』は、どんな導入法を使っても『ます形』からは割り出せません。こればっかりは、新しい上一段動詞が登場するごとに学生に教えていかねばなりません。唯一の救いは、授業で使われる頻度が高い『上一段動詞』は、その数が『下一段動詞』より少ないということでしょうか。もっとも、学習レベルが上がるにつれて、新しい動詞はすべて辞書形で導入されるわけですから、それほど問題ではなくなりますが、やはり『ます形』から『辞書形』への移行の際には、少し神経を使わなくてはいけないでしょう。

2-5　活用の導入例

ここまで、動詞活用の分類方法を見てきたわけですが、その方法論はわかったとして、実際に活用を、どのように教えたら効果的なのでしょうか。

まず、すべきことは、辞書形を覚えることの必要性を、日本語を習い始めて日が浅い学生に知ってもらうことです。そのためにも、初級レベルの学生にも使いやすく、また意味のある構文を授業で取り上げることがポイントとなります。以下に初級レベルでの導入に適した構文を四つほどあげます。

　①『つもり』構文

　　例：　○×さんは、週末は何を**するつもり**ですか？

　②『そう（伝達）』構文

　　例：　○×さんは、パーティには**来るそう**です。

　③『～と言う』構文

　　例：　○×さんは、パーティには**来る**と言いました。

　④『～と思う』構文

　　例：　○×さんは、パーティには**来る**と思います。

　①の『つもり』構文は、学生の予定を聞く演習で使えます。「週末は何をするつもりですか？」、「今日のお昼は何を食べるつもりですか？」など、学生の日常に密着した質問ができるので演習しやすいでしょう。

　②の『そう（伝達）』構文や③の『～と言う』構文も同様です。たとえば、下のスキットのように、教師の質問に学生Aが答えた後、学生Bに「Aさんは何と言いましたか？」と聞く習慣をつけさせるのです。

　(1)　教師：　Aさんは今日どこに行きますか？

　　　　学生A：デパートに行きます。

　　　　教師：　Bさん、Aさんは、いま何と言いましたか？

　　　　学生B：Aさんは今日デパートに**行く**と言いました。

　　　　　　　（または、Aさんは今日デパートに**行く**そうです。）

　こういったやり取りを習慣づけることにより、答えていない学生も授業に集中しますし、同時に辞書形も身につけることができるわけです。

　④の『～と思う』構文も同様に使えるのですが、「思う」の場合、オリジナルな答えを考えだすプロセスが学生に要求されますので、上の三つの構文の応用として利用するのがいいでしょう。また『～と思う』同様、比較的高度な演習として、疑問詞「どうして」を使った演習もあります。

　(2)　Q：どうして、あしたパーティに**行かない**んですか？

　　　　A：宿題がたくさん**ある**からです。

『どうして』という疑問詞には、『～んです』という述部が必要となるため、むしろ複雑さは『～と思う』構文より増します。注3

このように、辞書形導入の際のポイントは丸暗記だけで終わらせるのではなく、辞書形を使った構文をしつこいくらいに授業に取り入れていき、できるだけ早く辞書形に慣れさせるということです。

なお、辞書形導入の初めの段階では現在形に絞り、過去形は後回しにしたほうが学生の負担は少なくていいでしょう。これは過去形の形態の複雑さによるのですが、動詞の過去形については、次のセクションでお話しします。

最後にもう一点。新しい動詞を単語リストにしてプリントで渡す際、各動詞の脇に、【一】、【五】、【不】といった符丁をつけ、それが一段動詞なのか、五段動詞なのか、はたまた不規則動詞なのかを明確に提示してあげることもプリント利用の効用としてつけ加えておきたいと思います。

2-6 ちょっと複雑な動詞の過去形

このセクションでは、動詞の過去形の形態について見たいのですが、その前に、まずそれぞれの動詞の語尾変化を『肯定／否定』、『現在／過去』という二つの軸で見てみましょう。

不規則動詞（辞書形）

	肯定	否定
現在形	する くる	しない こない
過去形	した きた	しなかった こなかった

注3 『どうして』と『～んです』については、第9章のセクション9-3-1を参照ください。

一段動詞（辞書形）

	肯定	否定
現在形	食べる	食べない
過去形	食べた	食べなかった

五段動詞（辞書形）

	肯定	否定
現在形	読む	読まない
過去形	読んだ	読まなかった

　ここで注目すべきは、動詞の否定形に見られる『〜ない』の語尾変化は、形容詞の語尾変化と同じということです。これは偶然ではありません。形容詞の語尾である『〜い』が過去形では『〜かった』（たとえば「高い‐高かった」）となるように、「読まない」も過去形は「読まなかった」になるわけです。名詞と形容動詞の否定形についても同じことが言えます。たとえば「学生じゃない　⇨　学生じゃなかった」、「静かじゃない　⇨　静かじゃなかった」のように。こう見ると、辞書形の否定形というのは品詞の種類にかかわらず、すべて『〜ない／〜なかった』で終わる、つまり**形態的には形容詞**だということがわかります。この共通性を学生に教えない手はありません。

　形容詞の否定には現在形、過去形それぞれ『〜くないです／〜くありません』、『〜くなかったです／〜くありませんでした』の二種類があります。私はセクション2‐1で『〜ないです／〜なかったです』の方を集中的に使いたいと言いましたが、その理由は、今述べたように辞書形を導入する際に語尾変化の類似性をうまく利用できるからなのです。

　話をもとにもどしましょう。動詞の語尾変化で一番問題なのは、なんといっても五段動詞の肯定過去形です。たとえば「書く」の肯定過去形である「書いた」、これは五十音図の『カ行』のどの段を見ても見つからない活用です。また他の五段動詞を見てみますと、どうも動詞の肯定過去形というのは複雑です。ここで五段動詞の過去形を順に見ていきます。

カ行：	書く ⇨	書<u>いた</u>
ガ行：	泳ぐ ⇨	泳<u>いだ</u>
サ行：	話す ⇨	話<u>した</u>
タ行：	待つ ⇨	待<u>った</u>
ナ行：	死ぬ ⇨	死<u>んだ</u>
バ行：	呼ぶ ⇨	呼<u>んだ</u>
マ行：	読む ⇨	読<u>んだ</u>
ラ行：	帰る ⇨	帰<u>った</u>
ワ行：	買う ⇨	買<u>った</u>

　上のリストから、五段動詞の過去形には『〜った』、『〜いた』、『〜いだ』、『〜た』、そして『〜んだ』の五タイプがあることがわかります。これら五段動詞を『〜て』で終わる形にすると、どうなるでしょうか？

カ行：	書く ⇨	書<u>いて</u>
ガ行：	泳ぐ ⇨	泳<u>いで</u>
サ行：	話す ⇨	話<u>して</u>
タ行：	待つ ⇨	待<u>って</u>
ナ行：	死ぬ ⇨	死<u>んで</u>
バ行：	呼ぶ ⇨	呼<u>んで</u>
マ行：	読む ⇨	読<u>んで</u>
ラ行：	帰る ⇨	帰<u>って</u>
ワ行：	買う ⇨	買<u>って</u>

　形の上では過去形とほとんど同じです。違うのは、『〜た』が『〜て』に、『〜だ』が『〜で』になっていることだけですね。

　初級日本語のクラスでは、クラス内で使うフレーズとして「○×してください」というパターンを早いうちから導入します。たとえば「もう一度言ってください」、「聞いてください」、「読んでください」、「見てください」のように。学生たちは、これら『〜て／〜で』で終わるパターンにある程度慣れているはずです。ですから、なにも動詞の辞書形のところにきてから、あわ

てなくても、事前に『～て』形のパターンを系統立てて正確に導入しておけ
ば問題ないことなのです。この点を踏まえながら、次のセクションでは『～
て』形の導入方法について考えてみることにしましょう。

2-7　『～て』形の作り方

　一段動詞と不規則動詞の『～て』形は、語幹に『て』を足すだけなので簡
単なのですが、五段動詞の『～て』形は少々厄介です。ここでは語幹がどん
な音で終わるのかという点から『～て』形を見ていきます。

① **語幹が『～い』『～ち』『～り』で終わる場合　⇨　『～って』**
　　買い　⇨　買って　（他に「会って」、「言って」など）
　　待ち　⇨　待って　（他に「勝って」、「打って」など）
　　帰り　⇨　帰って　（他に「取って」、「触って」など）

② **語幹が『～み』『～び』『～に』で終わる場合　⇨　『～んで』**
　　読み　⇨　読んで　（他に「飲んで」、「噛んで」など）
　　呼び　⇨　呼んで　（他に「叫んで」、「ころんで」など）
　　死に　⇨　死んで　（☜「死んで」以外に該当なし））

③ **語幹が『～き』で終わる場合　⇨　『～いて』**
　　書き　⇨　書いて　（他に「聞いて」、「着いて」など）

④ **語幹が『～ぎ』で終わる場合　⇨　『～いで』**
　　泳ぎ　⇨　泳いで　（他に「かついで」、「騒いで」など）

⑤ **語幹が『～し』で終わる場合　⇨　『～して』**
　　話し　⇨　話して　（他に「返して」、「押して」など）

　こう羅列しただけでは、なんだか味気なくて学生も親しみを持ってくれそ
うにありません。このパターンは替え歌で覚えると、割とすんなり覚えられ
るようです。たとえば『クレメンタイン』という歌の節で（♪オー、マイ、
ダーリン、オー、マイ、ダーリン、オー、マイ、ダーリン、クレメンタイン
っていうあれですね。同じメロディで『雪山讃歌』というのもありますが）。

　　♪♪いちりって、みびにんで、きいて、ぎいで、しして～

と歌わせれば、語幹が『い』（例：買い）、『ち』（例：待ち）、『り』（例：帰り）で終わるものは『～って』になり、語幹が『み』（例：飲み）、『び』（例：呼び）、『に』（例：死に）で終わるものは『～んで』になり、語幹が『き』（例：書き）、『ぎ』（例：泳ぎ）で終わるものは、それぞれ『～いて』、『～いで』になり、さらに語幹が『し』（例：話し）で終わるものは『～して』になることがわかるわけです。

　この『～て』形がきれいに入ってしまえば、五段動詞の肯定過去形は単純に『～て』を『～た』に直すだけの作業となるわけです。

2-8　構文に使われる述語形は三つしかない！

　私は、ときどき学生に「構文を覚えるのが苦痛だ」と言われることがあります。こういう学生はたいてい、構文一つ一つに単独で取りかかるあまり、日本語の構文の一般性を理解していないことが多いものです。こんな時は、「日本語の構文で使われる述語の形は『語幹』、『辞書形』、『～て形』の三種類だけしかないんだ」ということを学生に教えてあげましょう。こう言うと、学生のなかには「えーっ！　たったの三つだけ？」と疑いの目を向ける者もいますが、たしかにそうなのです。この事実を知ってさえいれば、学生の心理的負担も軽減しますし、さらには述語の形によって構文をまとめて覚えることもできるわけです。

　それではここで、まとめも兼ねて各述語形を品詞ごとに見ていきましょう。

	語幹	辞書形	『～て』形
動詞 （一段）	食べ	食べる	食べて
（五段）	書き	書く	書いて
形容詞	高	高い	高くて
名詞	学生	学生だ	学生で
形容動詞	便利	便利だ	便利で

　以下に各述語形を使った構文のいくつかをリストアップしてみました。

① 　語幹を使った構文

〈～たい〉

食べたい、書きたい

〈～すぎる〉

食べすぎる、読みすぎる、高すぎる、不便すぎる

〈～そうだ①〉

死にそうだ、高そうだ、便利そうだ

② 　辞書形を使った構文

〈～つもりだ〉

食べるつもりだ、書くつもりだ

〈～と思う／～と言う〉

食べると思う、学生だと言った、便利だと思う

〈～そうだ②〉

死ぬそうだ、高いそうだ、便利だそうだ

③ 　『～て』形を使った構文

〈～みる〉

食べてみる、書いてみる

〈文接続〉

起きて歯を磨く、高くてまずい、日本人で学生、便利で安い

〈～も〉

行っても行かなくても、高くても、不便でも

　また、構文の形を三つに分けて提示してあげると、たとえば、『～そうだ』という助動詞は『語幹』に接続するか『辞書形』に接続するかで意味が大きく変わってくることがわかります。上のリストでは、『語幹』に接続するものを〈～そうだ①〉、『辞書形』に接続するものを〈～そうだ②〉として区別してあります。『語幹』を使った「死にそうだ」なら「もうすぐ死ぬようだ」というニュアンスですが、これが『辞書形』を使った「死ぬそうだ」になると「死ぬって聞いた」という報告の形になりますよね。

もちろん、「○×構文は語幹を使う」とか「○△構文は辞書形を使う」というように、どの接続形を使うかという点は、学生に理屈抜きで覚えてもらわなければなりません。このことは何も日本語でなくても、たとえば次の英語の二つの文を見てもらえれば、はっきり理解いただけると思います。中学校の英語の授業を思い出しながらごらんください。

(3) a. I stopped **smoking.**

b. I stopped **to smoke.**

最初の文は「たばこを吸うのをやめた」、そして二番目の文は「たばこを吸うために立ち止まった」という意味です。こむずかしく言えば前者は動名詞用法で、後者は不定詞の副詞的用法となります。私たちが英語を習った時、これらの違いは単に構文の違いとして習ったはずです。つまり「なになにするのをやめる」と言いたい時は『ing-動名詞』を使い、「なになにするために立ち止まる」と言いたい時は『to-不定詞』を使うと習ったわけです。

日本語の構文も、これとまったく同じ感覚で習得しなくてはいけないのだということを学生に知ってもらうべきです。私の場合は、学生がアメリカ人のため、上の英文をよく引き合いに出して三つの述語形の独立性を説明していますが、こうすると学生にはわかりやすいようです。

また、これはつけ足しになりますが、学期の終わりなりコースの終わりには、習ったすべての構文を『語幹』、『辞書形』、『て形』というように、述語形ごとにリストアップしたプリントにして学生に配ると、いい復習になるようです。リストアップは少々面倒な作業ではありますが、こうすることによって、私たちも試験の作成などの時に、このプリントを大いに役立てることができるのですから、ぜひとも実行したいものです。

《第3章》
日本語の時間概念

この章のポイント

・日本語の時制は物事が完了したか、していないかが重要なポイント。
・過去形は日本語では完了形となり、現在・未来形は未完了形となる。
・学生の母語の時間概念をそのまま日本語に適用させることの問題点。

3-1 言語によって異なる時間の捕え方

この章では、日本語で『時間』の概念がどう捕えられているかを考察し、間違いやすい時間表現のいくつかを一緒に見ていこうと思います。

文法における時間というものを考える時、私たちは無意識に「現在」を中心に、時間を「過去」と「未来」というふうに区切っていると思います。実際、英語などの西欧語では『過去形・現在形・未来形』というように三つの時制（＝テンス）を設け、時制に応じて動詞の語尾を変えることはご承知のとおりです。それでは、日本語ではどうなのでしょうか？「そりゃあ英語と同じでしょう！」などと即断なさらずに、まあ次の文をごらんください。

(1) 私は大阪に行きます。

この例文における「行く」は未来を指しています。次の例文はどうでしょう。

(2) 私は毎週大阪に行きます。

この例文の「行きます」という動詞には、最初に見た例文のような未来形的意味合いはありません。それでは、過去形ではどうでしょうか。

(3) 私は大阪に行きました。

これはどう解釈しても過去に起きたことを表す文です。気の早い人は「結論：日本語には**過去形**と**非過去形**の二つがある」と言いたいところでしょう

が、即断せずに、あともう二つ例文をごらんください。

(4)　ゆうべ、<u>寝る</u>まえにテレビを見た。

(5)　その話は、あした、君が<u>来た</u>時にあらためてしましょう。

例文(4)はゆうべのできごと、つまり過去について言っているのに、どうして「寝た」ではなくて「寝る」なのでしょう？　また、例文(5)では明日という「未来」のできごとなのに、どうして「来る」ではなく「来た」なのでしょう？　不思議だと思いませんか？　英作文のクラスで、今の二つの文を次のように直訳したら、先生にバッテンをつけられることでしょう。

(6)　×I watched TV before I **go** to bed last night.
　　　（正解は "went"）

(7)　×Let's talk about that when you **came** tomorrow.
　　　（正解は "come"）

どうも日本語の時制というものは、英語の時制とは根本的に違うようです。時間の流れを「過去‐現在‐未来」というふうに区切る英語的『テンス(tense)』システムでは、日本語の時間は捕えられないわけですね。

もう一度、例文(4)を見てください。主節の動作である「テレビを見る」ことと、従属節の動作である「寝る」ことをくらべた場合、「寝る」という動作が「テレビを見る」時点でまだ起こっていないのは明らかです（「夢遊病なのでは？」なんて言わないでくださいね！）。「寝る」という動作が「テレビを見る」時点でまだ完了していない、つまり『未完了』ということです。ですから例文(4)の「寝る」は『現在形』というよりも『未完了形』と呼ぶほうが正確なのです。

同じ視点で例文(5)を見てください。これは例文(4)の逆で、主節の「話をする」時点で、従属節の「来る」という動作はすでに起こっていなければなりません。言い換えれば、「来る」という動作は「話をする」時点で完了しているということですから、この例文の「起きた」は『過去形』と言うより『完了形』と言った方が正しいのです。

ここまで見ておわかりのように、日本語の時間は『現在形／過去形』と言

うより、『未完了形／完了形』と言ったほうがスッキリすることがわかります。このように、物事が完了したか・していないかで時間の流れを見ることを『テンス（時制）』と区別して、『アスペクト（相）』と呼びます。注1　日本語の場合、単文では英語の『テンス』と似た面もありますが、先の例文のように複文で見ると『アスペクト』の形がはっきり出てくるのです。

　『テンス』言語を母語とする学習者にとって、日本語の複文における『完了／未完了』の使い分けはむずかしいようです。とくに作文など書かせると、それがはっきり出てきます。教師としては、今述べた事実をしっかり把握することで、作文添削などでもピンポイント指導ができるのではないでしょうか。

3-2　『まえ』と『あと』

　今度は、上で見た『未完了／完了』の概念を従属節接続詞の『まえ』と『あと』と絡めて見てみましょう。まずは例文をごらんください。

(8)　<u>食べるまえに</u>「いただきます」と言います。

(9)　<u>食べたあとで</u>「ごちそうさま」と言います。

　まずは例文(8)からです。「いただきます」という言葉は、いうまでもなく食前にいう言葉です。「食べる」という行為は「いただきますと言う」時点では、まだ完了していないわけですから、未完了形で表さなくてはいけません。前のセクションでもお話ししたように、このことは、たとえ主節が過去形であっても変わりません。「食べたまえに『いただきます』と言いました」とは決して言えませんよね。

　例文(9)はどうでしょうか？「食べる」という行為は「ごちそうさまと言う」時点ですでに完了しているわけですから、「食べる」は完了形で表されます。「食べるあとで『ごちそうさま』と言います」とは決して言えません。西欧語を母語とする学習者は、ここで引っかかるので要注意です。

注1 正確に言うと、『アスペクト』とは「ある動作の連続性（過程）の中の一部分を明示する」ということです。この意味では英語の "-ing" や過去完了形、未来完了形もアスペクトであるわけです。ちなみにアスペクトを使う言語には、他にロシア語などがあげられます。

『まえ／あと』に限らず日本語の『アスペクト』を学習者に教える時は、『未完了／完了』のコントラストがはっきりわかる例文を使うことが大切です。上であげた「いただきますと言う／ごちそうさまと言う」の対比や、「寝る時おやすみと言う／起きた時おはようと言う」などの対比は、『アスペクト』の問題点を確認するのにいい例といえるでしょう。

3-3 『うちに』と『あいだに』はどう違う？

時間の表現で学習者がつまずくのは、何も『未完了／完了』の概念だけではありません。ここでは、間違いやすい表現の一つとして『うちに』を見てみましょう。まずは例文をごらんください。

(10) 天気がいい<u>うちに</u>洗濯ものを干す。

(11) 若い<u>うちに</u>いろいろなことをする。

これらの文は『～うちに』を『～あいだに』に変えて「天気がいいあいだに洗濯ものを干す」や「若いあいだにいろいろなことをする」でも意味は通じますし、実際に学生の作文でもよく見かけますが、何かしっくりきません。しかしどこがしっくりこないのかと聞かれるとなかなか答えにくいものです。『～うちに』と『～あいだに』それぞれが持つ文法機能がわかりさえすれば、しっくりこない理由も説明できますし、また的確な指導もできるわけです。

まず『～うちに』の特徴は、できごとの**始発点と終着点**がはっきりしていないという点です。ですから、「風呂に入っている」のように、始めと終わりが比較的明確な場合は『～うちに』は使えないのです。

(12) ×風呂に入っている<u>うちに</u>、宅配便が来た。

これも『～うちに』を『～あいだに』に置き換えれば問題はありません。

もう一つ、『～うちに』には「その期間中にある行動を終わらせてしまう」というニュアンスがあります。言い換えれば、主節の述語に『完遂』の意味あいが強くなれば『～あいだに』ではなく、『～うちに』が使われるという

ことです。「天気がいいあいだに洗濯ものを干す」と「若いあいだにいろ
いろなことをする」の文がどこかしっくりこなかったのも、これが原因だっ
たのですね。「洗濯ものを干す」という行為は「天気がいい」という期間中に
終わっているわけですし、「いろいろなことをする」という行為は「若い」
という期間中に完了しているという意味あいが濃いので、『〜うちに』の方
がだんぜん自然に聞こえるというわけです。

　また用法上の注意ですが、『〜うちに』によってくくられる文が**否定形**の
場合は『あいだ』という意味ではなく『前に』の意味になるので要注意です。

(13)　雨が**降らないうちに**（≒**降るまえに**）洗濯ものをしまいこもう。

(14)　先生が**来ないうちに**（≒**来るまえに**）宿題の答えを教えてもらった。

『〜うちに』では、できごとの始発点と終着点がはっきりしないわけです
から、「雨が**降らないうちに**」と言った場合、「雨がいつ降りだすかはわから
ない」といった漠然性があるのに対し、「雨が**降るまえに**」と言った場合、い
つ雨が降るのか天気予報か何かで予想されているようなニュアンスが浮かび
上がってきます。「雨が**降るまえに**洗濯ものをしまいこもう」という文が少々
不自然に聞こえるのも、現実にいつ雨が降るかわからないからなのです。

　一方、例文(14)では、話し手は先生がいつ来るか（たとえば「三時限目」
とか）わかっているわけです。ですから「先生が**来るまえに**」でも不自然に
聞こえません。「先生が**来ないうちに**」と言った場合は「宿題の答えを教え
てもらう」というような、なんらかの行動が完了しているという意味あいが
強くなるのは先ほども述べたとおりです。

　『〜うちに』のような言い回しは『〜あいだに』や『〜まえに』で代用が
きくことはききますが、『〜うちに』を使えばより日本語らしく聞こえるケー
スが多いことも事実です。こういった意味では、この構文の導入は中級レ
ベルくらいまで待ってもいいかもしれません。

　言語というのは合理的にできていて、まったく同じ意味の言葉を二つ持つ
ということはありません。もし同義語があるとしても、ニュアンスの違いは
必ずあるわけですから、「『〜うちに』は『〜あいだに』や『〜まえに』と同
じですよ」と説明してもあまり意味はありません。むしろ、これら同義語の

間に存在するニュアンスの違いをいろいろな方法で示してあげたほうが、ずっと学生のためになるのです。これは中級レベルや上級レベルの日本語を教える教師には、重要なポイントではないでしょうか。

3-4 『〜ている』によく見られる誤用例

　英語を母語とする学生にとくに見られる間違いに『〜ている』の誤用があげられます。英語では、"I am going to Canada next week."（「来週カナダに行く」）や "I am leaving!"（「もう帰るよ！」）のように、"-ing" を使って未来を表すことができます。そこで学生は、日本語の "-ing" ともいえる『〜ている』でも未来を表せると思ってしまうのです。ですから、「私は来週カナダに行きます」であるべきところを「私は来週カナダに行っています」などと言ったりしている場合は、母語の影響があると見て間違いありません。この場合は英語と日本語の用法の違いからくるミスですが、学習者の母語を知っていると、ミスの原因がわかる場合が実に多いものです。

　『〜ている』構文は、接続する動詞の種類によって意味・解釈が変わってくるので注意が必要です。動詞の種類は大きく分けて、「動作」を表す動詞と「状態」を表す動詞の二つがあります。

　　①動作を表す動詞
　　走る、読む、笑う、書く、見る、開ける、飲む　　　　　　など
　　②状態を表す動詞
　　住む、結婚する、死ぬ、混む、見える、開く、勤める　　など

　動作を表す動詞に『〜ている』がつくと『現在進行・継続』になり、状態を表す動詞につくと『現在の状況』という解釈になります。

　注意したいのは、『状態動詞＋ている』のケースです。たとえば、学生に「結婚していますか？」と聞くと、返ってくる答に「結婚していません」ではなく「結婚しません」というのが非常に多いのです。もちろん学生は「現在婚姻状態にない」という意味で答えているのですが、これでは「私は一生結婚しないことに決めたんです！」と宣言しているように聞こえてしまいま

す。先ほどお話しした『未完了形』のことを『現在形』（"present tense"）などと説明してしまうと、学生は「婚姻状態にない」ということも「現在」のことと捕えかねません。こと状態動詞に関しては、『〜ている』のあるなしで、文のニュアンスが大きく変わってきますから、注意が必要です。

　同じ間違いは他の状態動詞でも起き得ます。たとえば、「現在住んでいる」、「現在勤めている」という意味で「私はアパートに住みます」とか「私はコンピュータの会社に勤めます」と言ってしまうミスが多いのです。「状態動詞は『〜ている』がつかない場合は未来を表す」という注意事項は、是非とも学生に知っておいてもらわねばなりません。

　とはいうものの、学生に『状態動詞』と言ってもチンプンカンプンでしょうから、上であげたような頻度の高い動詞をまとめて覚えさせるのがいいと思います。とくに演習しやすいのは、「勤めている」、「住んでいる」、「結婚している」の三つを使った『家族の紹介』の演習です。

(15)　教師：○×さんのお姉さんのことを話してください。
　　　学生：姉は25歳で、東京に<u>住んでいて</u>、デパートに<u>勤めていて</u>、
　　　　　　<u>結婚しています</u>。

　この演習ですと、状態動詞がまとめて覚えられるだけでなく、『〜て形』の演習もでき、また「お姉さん／姉」といった家族の表現も同時に復習できるため、かなり密度の高い学習ができるのです。それに「25歳で」といった名詞述語が状態動詞だということもわかりますね。このように過去に習ったいくつかの文法事項を一つの演習に組み込むことによって、無意識にそれらの事項を認識させることは語学学習において非常に大切なことだと思います。

3-5　三つの現在完了形：直訳アプローチの危険性

　『アスペクト』は日本語の専売特許のように思われるかもしれませんが、実は西欧語にもこの概念は存在します。英語の『現在完了形』などがいい例です。ここで英語の現在完了の三つのタイプを見てみることにしましょう。

(16) 三つの現在完了形
    a. I **have finished** lunch. 　　【動作の完了】
    b. **Have** you **been** to Japan? 　【経験】
    c. I **have studied** since 3pm. 　【継続】

　これらの例文を見ますと、英語は『HAVE＋過去分詞』の構文によって、さまざまな時間の経過を表せることがわかります。逆に言えば、母語が英語の学生は、日本語における『現在完了』の構文を、それぞれ覚えなければならないということでもあります。今の例文を日本語に訳すと次のようになります。

(17)　a. いま昼食を食べ終えた／食べたところだ。 　【動作の完了】
    b. 日本に行ったことがありますか？ 　　　【経験】
    c. 三時から勉強している。 　　　　　　【継続】

　外国語を習う場合、学習者は自分の母語の知識を足がかりに言葉を習得しようとします。日本語と英語のように文法構造が大きく違っている場合、上の例を見ても明らかなように、母語が足かせとなってくるのです。教師はこういった直接比較による学習アプローチ、つまり「直訳アプローチ」の危険性を認識して教えなければなりません。

3-6　学生にわかりづらい『〜てくる』の意味

　学生の語学レベルが上がってくるにつれて、教師は学生に、より自然な日本語を習得してもらいたいと思うものです。ここまでお話ししてきたように、日本語の時間の概念は多くの言語（とくに西欧語）のそれとは異なるために、きちんとわかっている学生と、そうでない学生の間に「日本語らしさ」という面において差が出てきてしまいます。ここでお話しする『〜てくる』の用法などは、まさにその好例といえます。

　日本語において、ものごとの時間的経過を示すには、動詞に『くる』という方向性を示す助動詞をつけます。

(18)　彼の日本語は上達<u>してきた</u>。

　意味上は、先ほど見た『継続の〜ている』用法に似ていなくもありません。事実、いまの例文は英語では "His Japanese **has improved**." と現在完了形を使って言い表されます。このため、かなり上級レベルの学習者でも「彼の日本語は上達してきた」という代わりに、「彼の日本語は上達<u>している</u>」とか「彼の日本語は上達<u>した</u>」などと言ってしまうのです。

　『継続の〜ている』用法と『〜てくる』用法の根本的な違いは何なのか、一口で言いますと、発話時点で「ある状況に到達している」ことを示す場合なら『〜てくる』を用いるということなのです。前のセクションで見た "I have studied since 3pm." という文が、日本語では「三時から勉強している」と言えても、「三時から勉強してきた」と言えないのは、「勉強する」という行為が「なんらかの状況に到達している」ことを示す必要性がないからです。逆に言えば、「何かを達成した」ことを示す時には『〜てくる』を使えば自然な日本語に聞こえるというわけです。ためしに以下の例文を見てください。

(19)　あの人の言っていることがやっと<u>**わかってきた**</u>。

(20)　料理が上手に<u>なってきたね</u>！

(19)、(20)とも、何かを達成したというニュアンスが感じ取れるはずです。

3-7　過去形のおもしろい使い方二例

　さて、この章の最後となりますが、過去形の変わった使い方を見てみましょう。まず次の会話をごらんください。会話の時間は火曜日の朝と想定します。

(21)　A1：ねえ、今日、何曜日<u>だったっけ</u>？
　　　B1：火曜日だけど。
　　　A2：火曜日ね……　あっ、いけない！　今日は午後から
　　　　　お客さんが来るん<u>だった</u>！

68

　一番目の文を見ると、純粋に時間だけを見れば、今日の曜日を聞いているのですから現在形であるはずですし、また三番目の文でも、お客さんが来るのは今日の午後、つまり未来なのですから『〜だった』はおかしいはずです。それでは、どうして過去形が使われているのでしょうか？この章の冒頭でお話しした「Xというできごとの時点で、Yというできごとが完了しているかどうか」という『アスペクト』の問題はここではあまり関連がなさそうです。

　会話(21)を注意して見てみますと、過去形が使われているところでは**話者が記憶を呼び起こそうとしている**ことに気づきます。もちろん(21)の過去形の部分は現在形に置き換えても文法的には支障はありません。しかし、それでは話者が記憶を呼び起こそうとしているというニュアンスは伝わってきません。

　この過去形の用法は原則的に『名詞＋だった』のケースに限られます。先の例文中A2の「来る」のように、名詞の代わりに動詞を持ってくる場合でも、過去形の動詞を単独で文末に置かずに、『〜んだった』をつけて、全体を「名詞化」した上で過去形にしなくてはいけません。「あっ、いけない！今日は午後からお客さんが来たんだ！」ではおかしいですよね。注2

　また、『記憶を呼び起こす過去形』とタイプは異なりますが、過去形を使っていながら現在の状況を表すものとして、「のどがかわいた！」、「おなかがすいた！」、「疲れた！」などのように生理的なできごとを描写するケースもあげられます。ほかにも「肩が凝った」、「おなかをこわした」、「足をつった」などがあります。厳密に言うと、このタイプの表現には「過去のある時点に『X』という状態になり、現在もその状態が続いている」という意味がありますから、セクション3-5でもお話ししたように、「のどがかわいている」、「疲れている」でもいいはずなのですが、これだと単なる状況説明になってしまいます。「疲れた！」のように過去形にした表現は、**話者の感情が**つけ加えられているという点においてユニークなのです。

　今の二つの用法を考えますと、過去形というのは単に時間の流れを表すだ

けのマーカーではなく、話者の感情と微妙に呼応するものであることがわかります。このように話者の感情と密接につながっている用法というのは、無理に学生に言わせたりすると不自然になってしまうので、クラス内での演習はむずかしいものです。このような場合は、学生に言わせることを主目的にするより、教師が授業中に不自然にならない程度に多用して、学生の耳に慣れさせる方法が無難でしょう。

　たとえば、授業のはじめに「今日は何曜日だったっけ？」とか「次の試験はいつだったかな？」と聞いたり、「ああ、おなかがすいた！　いま何時？」などとリラックスした雰囲気で質問するのもいいと思います。これらは感情表現ですので、機械的にではなく表情豊かに言ってあげることもお忘れなく。

　……さて、この章では、時間の概念の中でもとくに学生がひっかかりやすい点を中心に取り上げてきました。これは日本語教育全般にいえることですが、教師は、まず文法概念の本筋をしっかりとつかみ、学生が消化しやすいようにしてあげることが重要です。また、学生の母語を少しでも知っていれば、その言葉と日本語の間に存在する決定的な違いが見えてくるので、適切な対処法も浮かんでくるという点は特筆すべきだと思います。

70

《第4章》

名詞修飾のあれこれ

この章のポイント

- 日本語の名詞修飾は例外なく『修飾詞＋被修飾語』の形をとる。
- 『関係節』をマスターするには『主要部』という概念の理解が必要不可欠。
- 大きな文に埋め込まれた関係節を見つけること、そして関係節を大きな文に埋め込むことができて初めて関係節をマスターできたといえる。

4-1 『主要部』って何？

　まず最初におことわりしておきますが、章のはじめから少々堅苦しい話になります。第1章でも触れましたが、日本語は SOV（主語 - 目的語 - 動詞）という文構造を持つ言語です。いうまでもなく『文』という単位は主部と述部からなっています。目的語は述部の一部ですから、主部[**S**(ubject)]＋述部[**O**(bject)**V**(erb)]という文構成を日本語は持っているわけです。さらに、述部の中心は動詞（＝**V**）であり、この動詞を述部の『主要部』と呼びます。

　日本語の場合、動詞は述部の最後部に位置しています。このように『主要部』が述部の最後尾に現れる言語を "head-final language" と呼びます。つまり、『頭』が後ろにある言語ということです（なんか怪物みたいですが）。反対に、英語などの言語はSVOの文構造を持つため、述部構造は[VO]となり、述部の主要部である動詞は前に現れることになります。これを "head-initial language"（「頭が前にある言語」）と呼びます。

　こんな堅い話から始めたのも、日本語教育における『主要部』の概念の重要性をどうしても知っていただきたかったからなのです。『主要部』が前にあるとか、後ろにあるとかいうのは、何も述部に限らず、文法全体に関わってくる問題です。たとえば、前置詞などは『主要部』の概念がわかりやすい品詞といえます。英語の "from New York" という例で考えてみましょう。

【**from** New York】は『前置詞句』という一つの『句』です。この句の『主要部』は当然前置詞の "from" であり、『前置詞』という名称が示すとおり、主要部は句の冒頭に現れています。一方、日本語では【ニューヨークから】のように主要部が句の最後尾に現れます。このため『から』のような助詞は『後置詞』と呼ばれるのです。

　名詞句でも同じことがいえます。たとえば次の例を見てください。

(1)　【おもしろい**本**_{名詞句}】

(2)　【便利な**本**_{名詞句}】

(3)　【日本の**本**_{名詞句}】

(4)　【私が読んだ**本**_{名詞句}】

　これらの例文で名詞句の主要部となっているのはいうまでもなく「本」という名詞です。例(1)では**形容詞**が、例(2)では**形容動詞**が、例(3)では**名詞**が、そして例(4)では**文**が「本」を修飾していますね。いずれの例でも、『主要部』である「本」は必ず名詞句の最後尾に現れています。主要部を後ろに持つ日本語では、この語順は絶対に変えられません。「本の日本」では何のことやらわかりませんし、「本おもしろい」、「本便利」、「本僕読んだ」のいずれも「本」という名詞を正しく修飾してはいないのです。このように、日本語では被修飾語である主要部は必ず名詞句の最後尾にくるということを、ぜひ学生に知ってもらわねばなりません。**注1**

　日本語と違い、名詞句の『主要部』の位置が一定しない言語は意外と多くあります。たとえば英語の場合、名詞修飾のパターンは日本語よりかなり不

注1 句レベルではなく、**語彙**レベルで名詞を見ると、日本語にも『主要部』が前に現れるケースがあります。それは漢語の二字熟語です。あまりいい例ではありませんが、『殺人』という漢語と「人殺し」という和語を比べてみてください。両方とも意味的に『主要部』は「殺（し）」という部分です。和語「人<u>殺</u>し」では、この主要部が日本語の文法に従って後ろに現れていますが、漢語の「<u>殺</u>人」では主要部が前に現れています。これは漢語の産みの親である中国語が日本語と違い、<u>SVO</u>、つまり『主要部』が前に現れる言語だからなのです。私たちは日本語の語彙の中に、無意識に中国語の文法を取り入れているわけです。

安定です。例を見てみましょう。

(5)　a **book** on Japan　　　（日本の本）

(6)　a Japanese **book**　　　（日本語の本）

(7)　an interesting **book**　（おもしろい本）

(8)　a **book** printed in Japan（日本で印刷された本）

　いかがですか？　どの文も "book" について話している、つまり "book" が主要部であるのに、前に現れたり後ろに現れたり、何と複雑なことでしょう。それに比べて日本語の主要部の一貫性はスバラシイ！「こんなに一貫しているのなら、学生も簡単に覚えてくれるはずだ！」と思いたいところなのですが、どっこい、そうは問屋が卸してくれないのが語学教育の辛いところです。

　中国語や西欧語（の多く）は主要部が句の前方に現れるため、その習慣がかえって災いして、日本語における名詞句の修飾ではよく間違えてしまうのです。

　この章では、名詞修飾を教えるにあたり、ぜひ押さえておかなくてはならない三点、①『名詞による修飾』、②『形容動詞による修飾』、そして③『文による修飾』、つまり『関係節』について見ていくことにしましょう。

4-2　意外とつまずきやすい名詞による修飾

　簡単に見えて意外と学生がつまずくのが『名詞による修飾』、つまり『AのB』パターンです。まず次の二つの名詞句をごらんください。

(9)　車の前

(10)　前の車

　「車の前」なら「車の前方」ですし、「前の車」なら「前にある車」、これは日本人にしてみたら当たり前すぎることですが、意外と多くの学習者がここで混乱してしまうのです。これは名詞句の主要部の位置がしっかり把握できていないことが原因です。「日本語の主要部は、常に後ろにある」という事実を知っていさえすれば、むずかしい概念ではないのですが……

　『AのB』の名詞句パターンの習得には、実際に物を使って練習するのがいいでしょう。たとえば家の模型（屋根が取り外せたりドアが開いたりするものがあれば便利）とミニチュアの人形を用意して、「いま、田中さんはどこにいますか？」と聞きながら人形を家のあちこちへ移動させて学生に答えさせる、という演習がオーソドックスですが、効果的です。この演習により、「家の中」、「家の外」、「家の前」、「家の後ろ」、「家の隣」、「家の上」、「家の下」、「家の近く／そば」といった『AのB』構文の練習が徹底できます。蛇足ですが、「前」、「後ろ」は学生に見分けがつきやすいように、玄関のドアを目立つようにするなどの細かい工夫も必要でしょう。

　名詞修飾で学生が苦労するのが『の』が連なったパターンです。たとえば「東京の○×大学の物理学の学生の山本君のお母さん」など、一つのフレーズに『の』が五つも現れていますね。しかし、どんなに長くても『主要部』はただ一つ、一番最後に現れた「お母さん」なわけです。誰のお母さんかを説明しているのが「山本君の」。その山本君が、どの山本君なのかを説明しているのが「学生の」。その学生が、何を勉強しているのかを説明しているのが「物理学の」。その物理学が、どこで教えられているのかを説明しているのが「○×大学の」。そして○×大学の所在を知らせているのが「東京の」となります。この長い名詞句を図示すると、次のようになります。

　(11)　東京の○×大学の物理学の学生の山本君の**お母さん**

　大きな名詞句といえども、グループ分けさえすればいいのです。

　『AのB』の名詞句パターンを導入する際、気をつけなくてはならないことがもう一つあります。それは、『の』という助詞に特定の意味をつけて教えることの危険性です。たとえば、英語が母語の学習者に対して、『の』を"of"として教えているのをときどき見かけますが、実際には日本語の『の』の機能は広範で、英語の"of"だけではくくりきれないのです。「本」という名詞を例に、このことを考えてみましょう。ひとくちに**日本の本**といっても「日本に関する本」なのかもしれないし、「日本で出版された本」なのかもしれません。また、**田中教授の本**という名詞句なら、「田中教授が持っている本」かもしれないし、「田中教授が書いた本」かもしれないし、はたまた

「田中教授に関する本」かもしれないわけです。

　一般に助詞を教える場合、それぞれの助詞が持つ機能を教えることによって学生の理解が深まることが多いのですが、『の』の場合はその解釈の幅が大きいため、少し違った教え方が必要となってきます。つまり、他の助詞のように意味機能を直接教え込むというよりは、むしろ「**AのB**というパターンにおいてAはBを何らかの形で修飾している」とだけ教え、それが**具体的**にどういった形の修飾なのかということは学生に考えさせる方法が効果的なのです。

　一例をあげましょう。「○×銀行の田中さん」という名詞句を学生に示し、まずこの句の『主要部』は何か聞きます。『主要部』の概念がわかっている学生なら、即座に「田中さん」と答えることでしょう。そのあと、「『田中さん』といってもどの田中さん？」と聞き、「○×銀行」と「田中さん」の間にある意味関係を探らせるわけです。日本語の『主要部』と『修飾部』の位置関係をちゃんと教えてさえいれば、学生は「○×銀行というのは『主要部』である田中さんが働いている所のはず。つまり『○×銀行で**働いている**田中さん』ということだ！」ということに気づくわけです。このほかにも、いろいろな意味関係を持った【AのB】パターンで演習すると、いい頭の運動にもなりますし、『の』の働きもはっきりしてくることと思います。

4-3　二重人格の形容動詞

　形容動詞とは、「静かな（部屋）」、「ハンサムな（人）」、「元気な（子）」などのように、名詞を修飾する際にその語尾に『な』がつく品詞のことです。

　形容動詞は状態を表すという点で、形容詞に似ています。形容詞との違いは、形容動詞が『〜な』という語尾で名詞を修飾するのに対し、形容詞は『〜い』という語尾で修飾するということです。この違いを学生に浸透させるために、形容動詞を『な‐タイプ』、そして普通の形容詞を『い‐タイプ』と呼んでもいいでしょう。

　それにしても形容動詞は不思議な品詞です。名詞を修飾するという意味機能においては、語尾こそ違え『形容詞』なのですが、**述語として使われると**

『名詞』になってしまうのですから。「静かだ」、「静かじゃない」、「静かだった」、「静かじゃなかった」、これは通常の名詞の述語活用とまったく同じですよね。間違っても「静かくない」なんて言えません。

　つまり、形容動詞は**意味的**には形容詞で、**形態的**には名詞だということです。「それなら『形容動詞』じゃなくて『形容名詞』じゃないか！」という声も聞こえてきそうです。実は国語学者の中にも、形容動詞の形態変化は一般の名詞に断定の助動詞である『〜だ』がついただけで、『形容動詞』という文法範疇はないと主張する人もいるくらいです。しかし、こんなことを言っても学生には何のことやらチンプンカンプンですし、とりたてて学生が知らなくてはいけないことでもありません。このあたりが教師が知っておくべき文法知識と、学生が知っておくべき知識のギャップと言えそうです。ここでは教師の基礎知識として心に留めておくだけにして、学生には形容動詞の意味と形態的特性がわかっていればよしとしておくことにしましょう。

　二重人格的ともいえる形容動詞では、混乱を避けるために『修飾用法』と『述語用法』の二つは別々に教える方がいいということも最後につけ加えておきたいと思います。

4-4　文による修飾 - 関係節なんてこわくない

　『主要部』の概念が理解できていないとどうにもならないのが『関係節』です。『関係節』とは、次の例でもわかるように、修飾部が『文』の形をとるものです。

(12)　【田中さんが買った 文】本

(13)　【本を読んでいる 文】人

(14)　【教師じゃない 文】人

(15)　【おもしろかった 文】映画

　英語などのSVO言語を母語とする学習者にとって何が一番むずかしいかといいますと、上の例文にある「本」、「人」、「映画」といった『主要部』が**関係節の後ろに**現れるということです。上の例を英訳すればわかるとおり、

SVO言語では日本語と違い、『主要部』は関係節の前に現れていますね。

 (12′) **the book** [Tanaka bought]
 (13′) **the person** [who is reading a book]
 (14′) **the person** [who is not a teacher]
 (15′) **the movie** [that was interesting]

 SOV言語とSVO言語では、違いがこうもくっきり出てしまうのです。人間の脳をコンピュータにたとえれば、データがさかさまにインプットされるようなものですから、日本語を学ぶ者にしてみればこれは大変なことです。もっとも私たち日本人の中にも、同じ理由で英語の関係節で苦労した人が多いと思いますが……

 関係節を教える上でまず大切なのは、**名詞をどのように修飾したいのか**を学習者に確認させることです。名詞には四種類の修飾の方法がありましたね。形容詞で修飾したいのなら『〜い』で接続し、形容動詞なら『〜な』、名詞なら『〜の』で接続するわけです。そして関係節の場合は『〜い』や『〜な』や『〜の』の代わりに『辞書形の述語』で接続すればいいのだということを学習者に教えればいいわけです。また、被修飾語（＝主要部）は修飾詞のあとにくるということも強調しましょう。以上の点を下にまとめます。

 ① 形容詞**X**が名詞**Y**を修飾する時
  【X-い 】 Y
 ② 形容動詞**X**が名詞**Y**を修飾する時
  【X-な 】 Y
 ③ 名詞**X**が名詞**Y**を修飾する時
  【Xの 】 Y
 ④ 文**X**が名詞**Y**を修飾する時
  【X……述語_{辞書形}】 Y

 また、これはどの修飾詞にも言えることですが、修飾したい名詞は何かを学習者に確認させることも非常に重要です。「そんな当たり前なことを？」と言われそうですが、関係節を教える際、メカニズムに力を入れるあまり、

こういった基本事項がおろそかになっていることが意外とあるのです。

　「修飾したい名詞を明確にする」演習として、次のようなものはどうでしょう？　まず学生に何枚かの人物写真を見せ、それぞれの人物が「どんな人」かを学生に描写させるのです。たとえば次のように。

　　(16)　人物A：【たばこを吸っている】人
　　(17)　人物B：【赤いシャツを着ている】人

　この演習に慣れてきたら、応用演習として、同じ人物写真の下に名札を裏返しにつけておき、次のような応答をさせます。

　　(18)　Q：　【たばこを吸っている】人はどの人ですか？
　　　　　A：　【たばこを吸っている】人はAさんです。
　　(19)　Q：　【赤いシャツを着ている】人の名前は何ですか？
　　　　　A：　【赤いシャツを着ている】人の名前はBさんです。

　実をいうと、関係節を作ること自体は技術的にはそれほどむずかしいことではないのです。なにしろ、関係節を辞書形で終わらせればいいだけなのですから。学生が混乱するのは、例文(18)や(19)のように**関係節をさらに大きな文の中に埋め込むプロセス**なのです。この点をはっきりさせるために、同じ写真を使い、「この中で誰が一番ハンサムですか？」と聞き、先ほど学生に作らせた【赤いシャツを着ている人】という答を使って「【赤いシャツを着ている人】が一番ハンサムです」などと言わせるのも効果的です。

　また、一つの文に関係節を二つ入れる演習も効果があります。たとえば、赤いシャツを着ている人の写真の下に名札を置く代わりに、次のような事項を入れたカードを置いておきます。

　　　①　学生
　　　②　アメリカから来た

そして、次のようなやり取りを教師と学生の間でさせるのです。

(20)　Q：【たばこを吸っている】人はどの人ですか？

　　　A：【たばこを吸っている】人は【アメリカから来た学生】です。

　このレベルまでできれば、基本的にはどんなに長い関係節でも使いこなせると言っていいでしょう。

　関係節は学生のレベルが上がれば上がるほど頻度が増してきますから、初期にきちんと導入しておくことが肝心です。また上のような演習がクリアできたら、会話レベルだけでなく作文・読解にも関係節をどんどん取り入れ、学生を無意識のうちに関係節に慣れさせることです。何よりも重要なことは、関係節をただ機械的な練習だけで終わらせないということです。機械的な練習レベルで終わってしまうと、学生は「何のためにこんなことしているんだろう？」と思いかねません。そのためにも、関係節をたくさんちりばめた読み物の読解練習はとくに有効です。この時も「名詞の前に辞書形の述語が現れたら、それは関係節だよ」というように読解のヒントを与え、学習した関係節の文法的特徴を再確認させるといいと思います。

　この章では、日本語の名詞修飾の形をざっと見てきたわけですが、大切なのは『主要部』という概念をどう教えるかです。とくに関係節のように複雑な形をとる構文は、たとえ機械的な演習を何回したとしても、日本語の名詞構造、つまり『主要部は句の後ろに現れる』という概念が十分浸透していなければ時間の無駄になってしまいかねません。教師は、この点を心に留めて演習を考えていきたいものです。

《第5章》

複合動詞のしくみ

この章のポイント

・文法機能の拡張は文末の助動詞によってなされる。

・『受け身形』には二つのタイプがある。

・『受け身形』や『使役形』といった複合動詞は、一つの文に主語と述
　語を二つずつ持つという特徴を利用して教える。

5-1　助動詞の働きとは？

　第4章では、日本語の『主要部』が句の後ろに現れることをお話ししました。たとえば英語と日本語の動詞句を比べると、英語では[**read** a book]のように、主要部である動詞が句の冒頭に現れるのに対し、日本語では【本を**読む**】のように句の最後尾に現れます。これは句に限らず、日本語のあらゆる文法構造において見られる特徴です。この章では、複合動詞という概念を『主要部』の概念と絡めて考えていくことにしましょう。

　主要部が後ろに現れるという日本語の特徴は、文末においてとくに顕著です。これはどういうことかというと、日本語における文法機能の拡張は、文末を伸ばしていくことによってなされるということです。ここで文末拡張の例を見てみましょう。

(a)　私はそう言った。

(b)　私はそう言わ**なかった**。

(c)　私はそう言わなかった**わけではない**。

(d)　私はそう言わなかったわけではない**ということはない**。

　(b)の文は(a)を否定するという意味で文法機能の拡張をしていますし、(c)はその(b)文の否定化、さらに(d)は(c)文の否定化という機能拡張をしています。このように文末に新たな述語、つまり『主要部』を足すことが日本語な

どのSOV言語では可能なのです。SVO言語である英語では、こうはいきません。たとえば、「私はそう言った」の英訳 "I said so." を否定したかったら "I **did not** say so." と言わねばならないわけで、"I said so NOT." とは言えません。"Not" や "can" などは『補助動詞』として動詞の周辺に現れるわけです。SVO言語を話す人にしてみたら、日本語のような SOV言語は「話が最後になってころころ変わる変な言葉」と映るかもしれません。

　『～ない』のように述語の後ろにつけることによって新たな意味・文法機能を加える要素のことを『助動詞』といいます。いくつか例をあげましょう。

【否定】	～ない、～ぬ
【完了】	～た
【推量・様態】	～ようだ、～らしい、～そうだ、～みたい、～まい
【断定】	～だ、～です、～である
【受け身・尊敬】	～られる（五段動詞では、～〔ア段＋〕れる）
【使役】	～させる（五段動詞では、～〔ア段＋〕せる）
【可能】	～（ら）れる（五段動詞では、～〔エ段＋〕る）
【丁寧】	～ます
【希望・欲求】	～たい
【許可・禁止】	～てもいい、～てはいけない
【伝聞】	～そうだ　　　　　……など

　この章では『受け身』の助動詞と『使役』の助動詞を中心に見ていきます。これらの助動詞が動詞と接続したものを、ここでは『複合動詞』と呼ぶことにします。『受け身』、『使役』といった助動詞は、一つの文中に二つの内的主語を持つのが特徴です。この特徴をうまく授業で生かすことにより、学習者の複合動詞の理解度を深めようというのがこの章のねらいなのです。

5-2　二つの受け身形

　まずは『受け身』という複合動詞を見ていくことにしますが、再確認も兼ねて、語尾変化を見ておきましょう。第2章でも見たように、日本語の動詞

は『不規則動詞』の「する」、「来る」のほかに『一段動詞』と『五段動詞』
があります。それぞれの受け身の形は次の通りです。

　　不規則動詞　する⇨される、くる⇨こられる
　　一段動詞　　　動詞の語幹＋『られる』　（例：見る⇨見られる）
　　五段動詞　　　〔ア段〕＋『れる』　　　（例：書く⇨書かれる）

　『受け身形』には二つのタイプがあるところが日本語のユニークな点とい
えます。第一のタイプは私たちが英語で習ったものと同じで、能動体の文の
主語と目的語の位置をひっくりかえしてしまうものです。たとえば、英語の
能動体 "John loves Mary." は受け身では "Mary is loved by John." になります
ね。日本語におけるこのタイプの『受け身形』は、たとえば「田中君は先生
にほめられた」のような文です（能動体は「先生は田中君をほめた」）。この
タイプは、能動体に書き直すことができるのが特徴といえます。注1
　もう一つの受け身形のタイプとは、次の例文に見られるようなものです。

　(1)　私はルームメートに大切な手紙を読まれた。
　(2)　太郎ちゃんはかわいがっていた犬のポチに死なれた。
　(3)　僕たちは雨に降られた。

　これらの文は一見して、先ほどの「田中君は先生にほめられた」と何ら違
いがないように見えます。しかしよく見ると、これらの受け身文は能動体に
することができないのです。能動体にするには、①『受け身形』の主語を目
的語に戻し、②『に』がついた名詞を主語にするという二つのプロセスが要
求されますが、そうすると上の三つの例文はヘンテコな文になってしまいま
す。

注1 ただし動作の主語が「人々」のように人間一般を指す場合は省かれる場合が多いよう
です。たとえば「スペイン語は南米で話されている」のような文は「話す人」が一般的な
ため、能動体に直すと「人々はスペイン語を南米で話している」のように不自然になりま
す。これは裏返して言えば、動作の主語が特定的でなく一般的な場合、日本語では『受け
身形』で言い表すということです。詳しくはセクション5-2-2をごらんください。

(1′)　×ルームメートが私を大切な手紙を読んだ。

(2′)　×かわいがっていた犬のポチが太郎ちゃんを死んだ。

(3′)　×雨が僕たちを降った。

　また、これらの受け身文をよく見てみると、意味的にも通常の受け身文とは違うことに気づきます。上の三つの受け身文に共通するのは、「あるできごとが原因で、主語である人物に何らかの**不幸・災難**がふりかかった」というニュアンスがある点です。例文(1)の「私はルームメートに大切な手紙を**読まれた**」では、ルームメートが大切な手紙を読んだことによって主語の「私」が迷惑をこうむっていますし、例文(2)の「太郎ちゃんはかわいがっていた犬のポチに**死なれた**」では、主語の「太郎ちゃん」が愛犬の死という不幸に見舞われているわけです。また例文(3)「僕たちは雨に**降られた**」の文では、主語の「僕たち」が予期していなかった雨に見舞われたということになりますね。

　このタイプの受け身形を『通常の受け身形』と区別して、『災難の受け身形』と呼ぶことにしましょう。『災難の受け身形』のおもしろいところは、一つの文に二つの『主語』が含まれているということなのですが、これがどういうことなのか、先ほどの例文(1)を見ながら考えてみましょう。

　　(1)　私はルームメートに大切な手紙を読まれた。

　この文の一つの主語は**私の大切な手紙を読んだ人物**、つまり「ルームメート」で、もう一つの主語は**それにより迷惑をこうむった人物**、つまり「私」です。このように、『災難の受け身形』という複合動詞には、二つの内的主語が含まれているわけです。

　「読まれる」という動詞を分解すると動詞の「読ま」と助動詞の「れる」になります。これをもとに、例文(1)を二つに分けてみましょう。

　　(1″)　【私は【ルームメートに大切な手紙を<u>読ま</u>】<u>れた</u>】。

　内側の【　】に囲まれた文の主語は「ルームメート」で、その述語は「読ま」、そして外側の【　】に囲まれた文の主語は「私」で、その述語は受け

身の助動詞である「れた」になります。

　たとえば「私はりんごを食べた」のように、主語、述語それぞれ一つから
なる単文を『一階建て』の文構造とするなら、「私はルームメートに大切な
手紙を読まれた」のように、意味上の主語・述語を二つずつ持つ『災難の受
け身形』は『二階建て』の文構造ということになります。いまの例文なら、メ
インの一階の主語は「私」で、二階の主語は「ルームメート」ということです。

　この二階建ての構造こそ、『災難の受け身形』を教える際の重要なキーワ
ードとなります。それでは、この二階建ての構造を使って、どのようにした
ら『災難の受け身形』を効果的に教えられるのか考えてみましょう。

5-2-1　『災難の受け身形』の教え方

　『災難の受け身形』の概念を導入するにあたって重要なことは、「主語とな
る人物が、あるできごとによって災難をこうむった場合、日本語では受け身
の助動詞を使う」という規則を明確にすることです。とくに以下の二点をは
っきり示すようにしましょう。

> ①　主語となる人物が災難・不幸に見舞われたという事実、
> 　　そして
> ②　その人物にふりかかった災難・不幸の内容

　以上二点を強調するために、次のような二枚のカードを黒板に張るなりし
て、学生に提示します。

> 困った人　＝　私
> 私が困ったできごと　＝　ルームメートが大切な手紙を読んだ

　ここで困った顔をしている「私」の絵と、こっそり手紙を読んでいる「ル
ームメート」の絵を横に添えると、よりわかりやすくなるでしょう。準備が
整ったところで、先ほどお話しした『二階建て』構造を利用するわけですが、
まず学生に次のような『一階』の部分を作ってもらいます。

　　私は【　　　　　　　　　　　　　】（ら）れました。
　　　　　注：カッコ内の『ら』は一段動詞のみ使われる。

　【　】部分に入るのは「『私』を困らせたできごと」ですから、次のステップではこの【　】部分に、上で書いた ルームメートが大切な手紙を読んだ という文を入れさせます。つまり『二階』部分の作成ですね。ただしその際、次の二点に注意してもらいます。

---

　①述語は受け身形で入れる、そして
　②二階（＝【　】）部分の主語を『に』でマークする

二階部分の作成により、次のような正しい文ができあがります。

　　私は【ルームメートに大切な手紙を読ま】れました。

二階部分の述語が一段動詞なら、上で見たカッコ付の『ら』が生かされます。

　ステップ１
　　［困った人　＝　私］
　　［私が困ったできごと　＝　犬が宿題を食べた］（食べる＝一段動詞）
　ステップ２
　　私は【　　　　　　　　　　　　　】られました。
　ステップ３
　　私は【犬に宿題を食べ】られました。

　この方法は一見まわりくどいですが、実際に自分の学生を実験台にして教えてみたところ、『災難の受け身形』という学習者に不慣れな概念が視覚的に入ってくるため、かなりの効果があるようです。とくに『二階建て構造』という概念の視覚化は、このあとでお話しする『使役形』の導入の際にも役立ってくるのです。
　学生が慣れてくれば、『災難・不幸』を強調するために、上で作った文に「〜て困りました」というフレーズや「〜てしまいました」というフレーズを加えてもいいと思います。

(4)　私は【ルームメートに大切な手紙を読ま】れて困りました。

(5)　私は【ルームメートに大切な手紙を読ま】れてしまいました。

(6)　私は【犬に宿題を食べ】られて困りました。

(7)　私は【犬に宿題を食べ】られてしまいました。

　実際の会話における使用頻度という面から見ても『災難の受け身形』は非常に重要な構文です。しかし、かなり日本語が上手な学生でも、「昨日は雨に降られて困りました！」と言わずに、「昨日雨が降って困りました！」と言ってしまうのです。この構文を使いこなせていない理由は、このタイプの受け身形がどんな時に使われるのか正確に把握していないからなのですね。

　ここまで見てきたように、この構文の概念は決してむずかしいものではないので、できるだけ早いうちに上で述べた演習をするなりして受け身のしくみに学生を慣れさせることが重要だと思います。

5-2-2　通常の受け身形の注意点

　ここまで『災難の受け身形』について話してきましたが、『通常の受け身形』にもいくつか用法上の注意点がありますので、確認しておきましょう。

　まず、なんといっても大切なのは、『通常の受け身形』の主語が「人」なのか「物」なのかを確認することです。次の例文を見るとわかるように、主語が「人」の場合は、自由に『通常の受け身形』を使うことができます。

(8)　田中先生は生徒に慕われています。

(9)　太郎ちゃんは母親にほめられた。

　ところが、主語が「もの」になると、学生が間違いやすいケースが頻出します。実際の日本語例を見る前に、まず英語の例から見てください。

(10)　**The sandwich** has been made.

(11)　**John's wallet** was stollen.

　この文を『通常の受け身形』を使って日本語に訳すと、次のようになります。

(10′)　サンドイッチが<u>作られ</u>ている／<u>作られ</u>た。

(11′)　ジョンの財布は<u>盗まれ</u>た。

　日本語なら(10′)や(11′)のようには言わず、下の(12)、(13)のようになると思います。

(12)　サンドイッチが<u>作ってある</u>。

(13)　ジョンは財布を<u>盗まれた</u>。

　英文(10)の “The sandwich has been made.” の意図するところは「何かがなされて（この場合、サンドイッチが作られて）、それがそのままの状態にある」ということです。日本語ではこの解釈の場合、(12)に見られるように『受け身形』ではなく、『他動詞＋てある』のパターンを使ったほうが適切に表現されるのです。

　『他動詞＋てある』の例文として、他に「ガスの元栓はしめてある？」や「すきやきパーティ用に牛肉が500グラム買ってあります」があげられます。これらの文が受け身形で「ガスの元栓がしめられている／しめられた」とか「すきやきパーティ用に牛肉が買われている／買われた」になると、不自然ですよね。こういうミスを避けるためにも、「何かがなされて、それがそのままの状態にある」という解釈では、『受け身形』は使わないと教えましょう。

　英文(11)の “John’s wallet was stollen.” は「盗難」という不慮のできごとについての文ですから、(13)のように『災難の受け身形』が使われるというのは前のセクションで見てきたとおりです。その際、『災難の受け身形』の主語は（ここでは主題として現れていますが）「ジョン」ですから、「ジョンの財布が　盗まれた」ではなく「ジョンは財布を　盗まれた」となるわけです。ここにも直訳的に受け身を使うことの危険性が潜んでいるわけです。

　ところで、「物」が『通常の受け身形』の主語になるためには、次の二つの条件を満たしていなければいけません。

> ①　『災難』の含意がないこと。
> ②　文中の動詞が特定の人物を指さないこと。

　たとえば、誰かがジョンの財布を盗んだ場合、ジョンは明らかに災難に見舞われているわけですから、条件①により『通常の受け身形』は使えないことになります。ですから、代わりに「ジョン」を主語とする『災難の受け身形』が適用されるわけです。

　条件②にかなう例としては次のような文があげられます。

(14)　フランス語はフランスやベルギーで**話され**ています。

(15)　*Wall Street Journal* はビジネスマンに広く**読まれ**ている。

(16)　りんごは主に東北地方で**栽培され**る。

　例文(14)では「フランス語を話す人物」は特定されていませんし、(15)でも「読者」はビジネスマン一般を指しているだけです。また(16)では「りんご栽培者」への言及は皆無です。**注2**　つまり日本語では、物を主語とした受け身文は「一般的なできごとを指す」場合に使われるということです。

　ちなみに、先ほどあげた「サンドイッチ」の例文（"The sandwich has been made."）は上記の条件①と②両方に当てはまることは当てはまりますが、この文の意図するところは「サンドイッチが作られて、**その状態が続いている**」ということですから、そもそも『受け身形』が使われる理由がなく、その代わりに『他動詞＋てある』のパターンが適用されているのです。理屈っぽく言えば、上の二つの条件は『通常の受け身形』が成立する「必要条件」ではあっても「十分条件」ではないということです。

　さて、ここまでの話をまとめてみましょう。『通常の受け身形』では、主語が「物」の場合に限って用法上の制限があるということが、このタイプの

注2「物」が主語で、動詞が特定の人物を指しても、『〜に』の代わりに『〜によって』を使えば受け身は可能です。

　　この映画は黒沢明監督に**よって**制作された。

　『〜によって』がつく受け身形は口語体ではほとんど使われませんが、読み物ではしばしば出てきますので、教師としては注意を払うべきでしょう。

受け身形を教える上での注意点といえます。学生の作文などを添削しますと、かなりレベルの高い学生でも、この点が消化不良のため、しっくりこない日本語を書いている場合がけっこう多いものです。こんな些細な点でも、教師に十分な知識があり、それにもとづいて的確な指導をすれば、学生の語学力がグンと伸びる一例として、受け身形の問題点を紹介した次第です。

5-3　使役の助動詞

『受け身』の助動詞を学ぶ際の重要ポイントは、この助動詞がついた述語は**複合動詞**であり、『二階建て構造』を持つということでした。このセクションでは、形態上『受け身形』によく似ている『使役の助動詞』を見ていきます。まずは『使役形』を作るための語尾変化から確認していきましょう。

不規則動詞　する⇨させる、くる⇨こさせる
一段動詞　　動詞の語幹＋『させる』（例：見る⇨見させる）
五段動詞　　語幹『ア段』＋『せる』（例：書く⇨書かせる）

『使役形』を含んだ例文は次のようなものです。

(17)　田中先生は生徒に作文を書かせた。
(18)　田中先生は生徒を帰らせた。

『使役』というのは、主語である人物が、目的語である人物に何かを**させる**、という意味です。いまの二つの例文を見ますと、目的語である「何かをさせられた」人、つまり「生徒」は、例文(17)では『に』で表されているのに、例文(18)では『を』で表されていることに注目してください。

『使役形』に関する助詞の基本ルールとして、使役の文中に**直接目的語**がある場合（例文(17)の「作文」のように）、使役の対象となる人物は必ず『に』で表されます。つまり、「田中先生は生徒を作文を書かせた」とは決して言えないということです。一方、例文(18)のように使役動詞が直接目的語をとらない**自動詞**の場合は、『を』でも『に』でも間違いではありませんが、使い方によってニュアンスの違いが出てきます。たとえば、使役の対象人物

に『を』をつけた場合は『強制』の意味が強くなるのに対し、『に』をつけた場合は『自発』の意味が強くなるのです。これを次の例文で確認してみましょう。

 (19) 私は息子<u>を</u>郵便局へ行かせた。

 (20) 私は息子<u>に</u>郵便局へ行かせた。

例文(19)は「あまり乗り気でない息子に無理やりお使いをさせた」というニュアンスが強いのに対し、例文(20)は「息子が『行きたい！』と言うので行かせてやった」というようなニュアンスがするでしょう。

5-3-1　使役形も『二階建て』で教えよう

さて、『使役形』をどうやって教えるかですが、『災難の受け身形』同様、『使役形』も『二階建て構造』を利用します。ここでは「田中先生は生徒に作文を書かせた」という使役文を例に見ていきます。

 【田中先生は【生徒に作文を書か】せた】
  一階部分： 田中先生が～（さ）せた
  二階部分： 生徒が作文を書く

一階と二階を合わせた意味解釈は、論理的に言えば、「田中先生は生徒が作文を書くことを強いた」ということになります。先ほどの『災難の受け身形』と同様、『使役形』を教えるには、この二つの層（＝階）が明確に提示されるようにすればいいのです。受け身と同じ導入法を使って、次のような二枚のカードを黒板に張るとしましょう。

 命令する人　＝　田中先生
 命令の内容　＝　生徒が作文を書く

この内容をもとに、学生に次のような『一階』部分を作ってもらいます。

 田中先生は【　　　　　　　　　　　　　　　】（さ）せました。
  注：カッコ内の『さ』は一段動詞のみ使われる。

次は、前のカッコ部分に田中先生が命令した内容【生徒が作文を書く】を入れて、次の二点に注意しながら『二階』部分を完成させます。

> ① 述語は使役形で入れる、そして
> ② 二階（＝【 】）部分の主語を『に』でマークする

もちろん、二階部分の動詞が自動詞で、『強制の使役』の意味を持たせたいのなら、『に』の代わりに『を』をつけるのは先ほど述べたとおりです。これら二つのステップにより、次のような正しい使役文ができあがります。

田中先生は【生徒に作文を書か】せました。

二階部分の述語が「食べる」のように一段動詞なら、上で述べたカッコ付の『（さ）』が生かされることになるのも『受け身形』に似ています。

ステップ１
［命令する人　＝　私］
［命令の内容　＝　子供が野菜を食べる］（食べる＝一段動詞）
ステップ２
私は【　　　　　　　　　　　　　　　　】させました。
ステップ３
私は【子供に野菜を食べ】させました。

最後になりますが、使役形の導入の際の注意点を二点ほどお話ししたいと思います。先ほども言いましたが、『使役形』には『強制の使役』と『自発の使役』があります。『使役』という概念を学生に理解させるという目的からすると、まず『強制の使役形』から導入するのが良策というのが第一点。

第二点は『自発の使役』の教え方についてです。『自発』のニュアンスが十分にわかるような演習を用意することが大切なのですが、『自発の使役』は話し手の要望を示す時に使われる場合が多いので、『〜させて（ください）』というパターンから入るのがいいと思います。たとえば「友達がおいしそうなお菓子を食べている」絵を学生に見せ、「おいしそう！　食べさせて！」と言わせたり、「上司がハワイに出張に行く人を探している」というシチュ

エーションで、「私に行かせてください！」と言わせる演習をするわけです。

5-3-2　使役の受け身形は決してむずかしくない

　通常、『強制の使役形』は、『強制』というくらいですから、命令される側には「自分の意思とは裏腹に何かをさせられる」というニュアンスがあります。つまり命令される側にとっては『災難』である場合が多いということです。ですから『使役文』の命令される側の人物を主語に持ってくれば、立派な『災難の受け身形』が作れることになります。

　しかし『使役の受け身形』とは、言わば、『使役形』と『受け身形』、この二つの独立した複合動詞がくっついたものです。それぞれの形がしっかり定着していなければ学生は混乱してしまうので、あくまでも応用という形で演習するといいでしょう。

　実際に『使役の受け身』の例文を見てみましょう。まず「母親があなたにトイレを掃除するよう命令した」場面を思い浮かべてください。これを『使役形』を使って言い表すと、次のようになります。

　　(21)　母は私にトイレを掃除<u>させ</u>た。　【使役形】

はからずもトイレ掃除をするはめになった「私」は、明らかに『災難』をこうむっているわけですから、この文は『災難の受け身』にすることができます。

　　(22)　私は母にトイレを掃除<u>させら</u>れた。　【災難の受け身形】

　『使役の受け身』などというとむずかしそうに聞こえますが、それぞれの形を形態面・意味面からしっかり練習しておけば、それほど大したことではないことがおわかりになると思います。

　ただ注意すべき点もあります。『使役の受け身形』の使役部分に使われる動詞が『五段動詞』の場合、次のように、二通りの言い方ができるのです。

　　　　　　使役形　　　使役の受け身形
　書く　　書かせる　　書か<u>せら</u>れる／書か<u>さ</u>れる

待つ	待たせる	待た<u>せら</u>れる／待た<u>さ</u>れる
読む	読ませる	読ま<u>せら</u>れる／読ま<u>さ</u>れる
帰る	帰らせる	帰ら<u>せら</u>れる／帰ら<u>さ</u>れる
買う	買わせる	買わ<u>せら</u>れる／買わ<u>さ</u>れる

　普段の会話で、「私は先生に漢字をいやというほど**書かせられた**」と言うと少し堅い感じがします。むしろ「私は先生に漢字をいやというほど**書かされた**」の方が言いやすいと思います。

　このように五段動詞を『使役の受け身形』にした場合、『〜せられる』の『せら』の部分を『さ』に置き換えて『〜される』にすることができるのです。ただし例外があって、「話す」のような『サ行』で活用する五段動詞が『使役の受け身』になった時は、「〜させられる」が「〜さされる」になることはありません。「私はみんなの前で英語を話させられた」が「私はみんなの前で英語を話さされた」にはならないということです。同様に、一段動詞・不規則動詞においても『せら⇨さ』のルールは適用しません。

		使役形	使役の受け身形
話す	（五段サ行）	話させる	話さ<u>せら</u>れる／×話さ<u>さ</u>される
食べる	（一段）	食べさせる	食べさ<u>せら</u>れる／×食べさ<u>さ</u>される
来る	（不規則）	こさせる	こさ<u>せら</u>れる／×こさ<u>さ</u>される
する	（不規則）	させる	さ<u>せら</u>れる／×さ<u>さ</u>される

　要するに、サ行の五段動詞にしても、一段動詞にしても、不規則動詞にしても、『〜さされる』のように『さ』が重なってはいけないというわけです。

5-4　『二階建て』導入法が使える『〜てほしい』構文

　一つの文に二つの異なった内的主語を持つ複合動詞の『災難の受け身形』や『使役形』に似ているものとして、『〜てほしい』という助動詞があります。また、このバリエーションとして『〜てもらいたい』、『〜ていただきたい』もあげられます。

　この構文も基本的には、先ほど『災難の受け身形』や『使役形』で使った『二階建て構造』を使って導入できるのですが、重要なポイントとして、この構文では、接続する動詞が『〜て形』でなくてはならないということです。例として「買い物に行く」という動詞を使って見てみましょう。

　　ステップ1
　　　[主語　＝　私]
　　　[依頼したいこと　＝　田中君が買い物に行くこと]
　　ステップ2　（一階部分の作成）
　　　　私は【　　　　　　　　　　　　　　　　　　】ほしい。
　　ステップ3　（二階部分の挿入）
　　　　私は【田中君に買い物に<u>行って</u>】ほしい。

　用法上の注意点として、『〜てほしい』構文の主語は話者自身でないといけないということがあげられます。日本語では、「ほしい」のように本人にしか気持ちがわからない『希求表現』・『内的感情の表現』では、第三者は主語になれないのです。ですから「山田君は田中君に買い物に行ってほしい」とは言えず、「ほしがる」を使って、「山田君は田中君に買い物に行ってほしがっている」となるのはご承知のとおりです。注3

5-5　可能形にも『二階建て』導入法は使えるか？

　これまで見てきた複合動詞のほかに、使用頻度の高い複合動詞として『可能形』があります。『災難の受け身形』、『使役形』『〜てほしい構文』では『二階建て構造』を強調する導入法を見てきたわけですが、ここで見る『可能形』は複合動詞であるにもかかわらず、『二階建て構造』の導入法を使ってもあまり効果がないのです。

　これはどうしてかというと、『可能形』は、『災難の受け身形』、『使役形』

注3 内的感情の表現で『〜がる』を使うものとして、他に「悲しがる」、「寒がる」、「寂しがる」などがあります。

そして『〜てほしい構文』と違い、文中の内的主語が**一階と二階で同じ**だからなのです。……こう言っても理屈だけではちょっとわかりにくいので、先ほどと同じステップを使って、この点を確認してみましょう。

    ステップ1
    ［主語　＝　私］
    ［できること　＝　私がエスカルゴを食べる］
    ステップ2（一階部分の作成）
    私は【　　　　　　　　　　　　　　】られます。
    ステップ3（二階部分の挿入）
    私は【（私？）エスカルゴを食べ】られます。

いかがですか？『可能形』の場合は、二階部分も一階部分も同じ「私」という主語なのです。「私は私にエスカルゴが（を）食べられます」なんて決して言えません。この理由で、『災難の受け身形』、『使役形』『〜てほしい構文』でお勧めした『二階建て構造』による導入法は『可能形』では効果がないわけです。

『可能形』の他にも、一階部分と二階部分が同じ内的主語を持つ複合動詞として、希求の助動詞『〜たい』などがあります。たとえば、「私は寿司が**食べたい**」という文は「食べ」と「たい」からなる複合動詞ですが、この文も**意味上**では、次のような『二階建て構造』からできているといえます。

(23)　私は【（私が）寿司を食べ】たい。

もちろん二番目の「私」は実際には発音せず、あくまでも意味上の存在です。

5-5-1　『ら抜き言葉』は教えるべきか？

さて、せっかく『可能形』のお話をしたのですから、最近なにかと話題になっている『ら抜き言葉』についても、すこしだけ触れることにしましょう。まずは例文から。

(24)　忙しくて、見たい番組が見**れ**ない。　　（⇦見**られ**ない）

(25)　このシャツは小さくてもう着**れ**ない。　　（⇦着**られ**ない）

　日常の会話では、この『ら抜き言葉』はすでに市民権を獲得しているようです。「『ら抜き言葉』は低俗だ」という否定的な意見もよく聞きますが、言葉というのは常に変わっていくものですから、「高尚だ」、「低俗だ」というレベルだけで言葉を見るのはいささか短絡的ではないかと思います。大体、知識・良識を兼ね備えているといわれている人の「正統的日本語」だって、一昔前の人にしてみれば「低俗でけしからん！」ものなのかもしれないわけですから。

　私は授業では『ら抜き』パターンと、そうでないパターンの両方を教えることにしています。実際問題として、好むと好まざるとにかかわらず、日常会話に接する学習者たちは『ら抜き言葉』の洪水に出会うわけですから無視はできません。『ら抜き言葉』を教えることは、スラングを教えることなどとは違って、もっと切実な問題なのです。

　『ら抜き言葉』にもそれなりの効用があります。ご存じのように『受け身形』と『可能形』は一段動詞で同じ活用をしますが、『ら抜き』が適用するのは『可能形』においてのみです。『着る』という例で確認しましょう。

(26)　可能形

　　　私には、このシャツはもう着**れ**ないわ。　　（着られない）

(27)　災難の受け身形

　　　×私は弟に、おろしたてのシャツを着**れ**た。（着られた）

　つまり、『ら抜き言葉』には『受け身形』と『可能形』を区別する役割があるわけです。もっとも、実際にそういう目的意識を持って『ら抜き言葉』を使っている人はいないでしょうけど……

　しかし、『ら抜き言葉』が市民権を得たとはいえ、まだ発展途上を思わせる点もあります。『ら抜き』にするとおかしく聞こえる一段動詞がたくさんあるのです。少し考えただけでも、「教えれる」、「育てれる」、「決めれる」、「調べれる」、「考えれる」など、『ら』を抜いた形ではちょっと変な感じです。

皆さんにはどう聞こえるでしょうか？……もっとも時がたつにつれて、これらの動詞も『ら抜き』でスンナリと聞こえるようになるのかもしれませんが。

5-6　その他の複合語

冒頭でもお話ししたとおり、日本語では、述語の語尾に助動詞をつけることによって意味機能を拡張することができます。注4　ここでは、これまで触れなかった他の複合動詞を見ていくことにしましょう。

『語幹』に接続する複合動詞

～やすい	書きやすい
～にくい	わかりにくい
～始める	食べ始める
～終わる	読み終わる
～なおす	書きなおす
～ながら	話しながら
～すぎる	飲みすぎる
～たい	見たい
～続ける	話し続ける
～に行く／来る／帰る	会いに行く／来る／帰る
～そうだ	雨が降りそうだ　　　　　　など

『～て形』に接続する複合動詞

～くる	わかってくる
～みる	やってみる
～おく	勉強しておく
～しまう	忘れてしまう
～いる	走っている
～ある	（窓が）開けてある　　　など

注4『語尾の拡張』については、セクション2-8でもお話ししましたので参照してください。

『辞書形』に接続する複合動詞

〜そうだ	雨が**降る**そうだ
〜はずだ	**わかる**はずだ
〜みたいだ	**来る**みたいだ
〜つもりだ	**行く**つもりだ
〜ところだ	いま**帰る**ところだ
〜ことができる	**歩く**ことができる　　　など

　これら三つのタイプの中で、とくにおもしろいのが『語幹』に接続するタイプです。このタイプには上の例のように任意の動詞に接続できるタイプと、特定の動詞に接続することによって独立した語彙として確立しているタイプの二種類があります。後者の例として、次のようなものがあげられます。

持ち帰る	⇦持つ＋帰る
取りかえる	⇦取る＋かえる
勝ち誇る	⇦勝つ＋誇る
食べ散らかす	⇦食べる＋散らかす
言い出す	⇦言う＋出す
見直す	⇦見る＋直す
読み切る	⇦読む＋切る　　　など

　「語彙として確立している」とは、つまり辞書に見出しとして載るくらい浸透しているということです。日本語には、きりがないほど語彙化した動詞の複合語が多いのです。

　これら一つ一つを学生に暗記させるのも一つの方法ですが、それとは別に、学生にこれら語彙化した動詞を分解させて、意味を推測させるのも楽しく、また効果があります。そのものズバリの意味はつかみにくいかもしれませんが、おおよそのニュアンスはつかみ取れるはずです（この『つかみ取る』だって推測可能な複合語ですよね！）。これと同じことを私たちも英語の語彙を習った時にしたはずです。たとえば、"reform" という動詞ならその意味を知らなくても、"re-" という接頭語には「再び」という意味があることを知

っていさえすれば、"re"+"form"で「一掃する；改める」という意味だということを、さまざまなコンテクストから推測するのは決してむずかしくはありません。

　言葉の習得には、暗記よりも、想像力を総動員した推測による学習法をとった方が頭に染み込むということがよくあります。単語帳をペラペラめくり、機械的に覚えていくよりはおもしろいのではないでしょうか。

　この章では『災難の受け身形』と『使役形』を中心に複合動詞を見てきたわけですが、ここでご紹介した『二階建て構造』という視覚的導入法は、複合動詞という概念に慣れていない学生にとって学習効果が高いので、それなりに加工・工夫して授業で取り入れてみてはいかがでしょうか。

《第6章》
文化と文法が交差する『ウチ』の概念

この章のポイント

・グループ意識が文法レベルに浮き出てくるのが日本語の特徴。
・『ウチ』と『ソト』の境界線は状況、また話者の立場によって変化する。
・『ウチ』の概念の体得なくして、日本語らしい日本語は話せない。

6-1　日本人のグループ意識

　日本人はよく、グループ意識の強い民族だといわれます。集団行動が求められる農耕社会だった日本では、一人一人が家族や村といった集団の構成員として生きていく必要から、自然にグループ意識ができあがっていったのでしょう。また、農耕社会という社会環境に加え、「島国」という地理環境が、異文化やよその社会規範の流入を拒み、その結果、日本特有の文化が醸成されてきたのです。「自分がどのグループに属しているか」ということに神経質になるのも、外界から遮断された社会の中で、他人と摩擦を起こさずに生きていく方法だったわけですね。

　言語は社会を映しだす鏡といわれます。今お話しした『グループ意識』という社会的・文化的特徴もその例に漏れず、日本語の中でさまざまな形で見ることができます。日本語を深いレベルで理解させるためにも、単に文法を機械的にマスターさせるだけでなく、文化と文法が織りなすしくみを上手に授業に取り入れていくことがどうしても求められてくるわけです。

　この章では『グループ意識』を『ウチとソト』という社会言語学的な立場から見ながら、この概念が日本語学習にいかに大切かを考察し、授業への効率的な取り入れ方を見ていきます。本章で見ていく事項は次の三点です。

　　① 尊敬語・謙譲語などの『敬語』
　　②「あげる・くれる・もらう」などの『授受表現』
　　③「これ・それ・あれ」などの『指示詞』

6-2　対人関係を学ぶ：敬語

話している相手が自分より社会的に上位にいる場合、日本語ではていねいな言葉を使うことによって、その上下関係を明らかにします。このような言葉の使い方を総称して『敬語』と言います。

話し相手に敬意を示すには二通りの方法があります。一つは相手を自分より上位に置くことによりていねいにする方法で、このタイプの敬語を『尊敬語』と呼びます。もう一つは自分を相手より下位に置く方法で、これを『謙譲語』と呼びます。この二つを図示すると次のようになります。

対等の関係	尊敬語	謙譲語
□　□	□　□⇧	□⇩　□
自分　相手	自分　相手	自分　相手

図1：敬語における話者と聞き手の関係

各敬語の形態は次のとおりです。

①尊敬語

1. お＋語幹＋になる

　　例：先生はもうお帰りになりました。

2. お＋語幹＋です

　　例：先生が先ほどからお待ちですよ。

3. 受け身形を使う方法

　　例：先生はいつ来られますか？

4. 上記以外のもの（主なもの）

いる／行く／来る	⇨	いらっしゃる
食べる／飲む	⇨	めしあがる
する	⇨	なさる
見る	⇨	ごらんになる
寝る	⇨	おやすみになる
くれる	⇨	くださる

　　　言う　　　　　　　　⇨　おっしゃる

　　　死ぬ　　　　　　　　⇨　亡くなる　　　　　など

②謙譲語

　1. お＋語幹＋する

　　　例：その荷物、私が<u>お持ちしましょう</u>。

　2. 上記以外のもの（主なもの）

　　　行く／来る　　　　　⇨　まいる

　　　食べる／飲む／もらう　⇨　いただく

　　　いる　　　　　　　　⇨　おる

　　　する　　　　　　　　⇨　いたす

　　　見る　　　　　　　　⇨　拝見する

　　　あげる　　　　　　　⇨　さしあげる

　　　言う　　　　　　　　⇨　申す

　　　聞く　　　　　　　　⇨　うかがう

　　　会う　　　　　　　　⇨　お目にかかる　　　など

　尊敬語も謙譲語も、どちらも敬語ですから、上のように言い切りの形ではなく、通常は『です／ます』の形になります。「私がいたす！」とか「私は藤田と申す！」ではまるで時代劇です。

　このほかに名詞の敬語化として、『お』・『ご』という接頭語もあります。基本的には『お』は『おすし』、『お魚』などのように日本古来の言葉、つまり『和語（＝やまと言葉）』に接続し、『ご』は「ご挨拶」、「ご子息」のようにいわゆる『漢語』に接続することになっていますが、「お辞儀」、「お勉強」、はたまた「おビール」のように例外もあるので注意が必要です。そうそう、最近では「お受験」なんていうのもありますね。

　『〜です』や『〜ます』で終わる言い方は、一般には敬語とは区別され、『ていねい語』と呼ばれます。また『あります』をていねいにした『ございます』という言葉も、相手を立てる尊敬語でもなく、かといって自分を下げる謙譲語でもない中立語であり、これも『ていねい語』の範疇に入ります。

　さて、敬語のおさらいはこれくらいにして、そろそろ本題に入りましょう。

まずはこんな状況を思い浮かべてください。あなたはA商事の社員。たった
いま、お得意先であるB工業の田中氏からあなたの上司の山田課長に電話が
かかってきました。しかし山田課長はあいにく外出中です。お得意様の田中
氏に、あなたは次のように言うのではないでしょうか。

(1)　すみません、あいにく<u>山田</u>はいま席をはずして**おります**。

　お得意先に対しては、自分の上司である山田課長のことを「山田」と呼び
捨てにし、また「席をはずして**おります**」などと謙譲語を使っておきながら、
いざ山田課長が帰ってきたら、決して課長のことを「山田」なんて呼び捨て
にはしないでしょう。それに「課長が**帰られる**前にB工業の田中さんよりお
電話がありました」のように尊敬語を使うに違いありません。

　いま見た例文は、日本語における『グループ概念の相対性』をくっきり示
しています。「会社」という**グループ内**（＝ウチ）では、上司である田中課
長に尊敬語を使いながらも、尊敬の対象がその**グループ外**（＝ソト）に現れ
ると、それまであった尊敬の対象が消滅してしまうのが日本語の敬語の特徴
なのです。

　私たちは何気なく尊敬語や謙譲語を使っていますが、そこにはいま述べた
ようなややこしいルールがあり、日本語学習者はこのシステムを学習してい
かねばならないのだということを、私たち教師は常に忘れないようにしなけ
ればいけません。

　以下は余談になります。お隣の韓国語にも敬語はありますが、韓国語の敬
語は日本語のように「相対的」ではなく、「絶対的」なのだそうです。つま
り尊敬する人なら、どんな状況でも尊敬語を使うのです。先ほどの会社のシ
ーンが韓国語なら、さしずめ自分の上司のことをお得意様に向かって「山田
（課長）**さんはいまいらっしゃいません**」のように言うわけですね。韓国の
人から見たら、日本語では同じ人のことを話しているのに、ある時には持ち
あげ（＝尊敬語）、ある時には下げる（＝謙譲語）なんて、まったく変な言
葉だと思うかもしれません。日本語と韓国語は文法的に非常に似ていますが、
こういった社会言語学的側面で大いに違うというのはおもしろいと思いま
す。もし韓国語を母語とする学生がクラスにいたら、この点に注意して敬語

を教えることも必要となってくるでしょう。

6-2-1　敬語を教えるにあたって注意すべきこと

いま見てきたように、『ウチとソト』を基本とした敬語のシステムは、その相対的性質のために非常にややこしい概念だということがわかりました。なにしろ私たち日本人でさえ敬語の使い方を間違えるくらいですから、外国人学習者にとってのむずかしさはなおさらです。

敬語をマスターするための第一歩は、会話の相手が話者の「グループ」の外にいるか、内にいるか、つまり「話者との社会的距離」を確認することにあります。これができるようになるには、敬語を学習する以前に、日本語における「社会的距離」を理解する能力をすでに持っていなければならないのは言うまでもありません。

日本語の教科書を見ますと、初級後半、または中級レベルで敬語が導入されているものが少なからずあります。しかし敬語は高度な社会言語能力を要求するものですから、早期導入のメリットはあまりないと思うのです。たとえ学生が授業で敬語のしくみを理解したとしても、それはあくまでも機械的・表面的にわかっているだけの場合が多いのです。たとえ学生が実際の会話で使ったとしても、その学生の日本語能力全般から見るとバランスがとれていないため、敬語が「浮いて」しまうということも起こりえます。

日本語を学ぶ学生は、たいてい『です・ます形』から入ってきます。普段の私たちの日常会話のていねい度から見たら、この『です・ます形』は十分ていねいであり、聞き手を不快にさせることはありません。この『です・ます形』が定着している限り、敬語は上級に入ってから導入しても遅くはないのではないでしょうか。

とはいえ、実際に敬語を教える段になって「これだけは知っていなければ」という点もありますので、それらのポイントを見ていくことにしましょう。

ポイント1：話し手から見た、聞き手の社会的位置を把握すること

敬語の最重要ポイントは聞き手の社会的位置を知ることです。地位、年齢

などの要素において相手が社会的上位にいる場合、または初対面の時のように相手との間に距離を置いた方が自然な場合などに敬語を使うわけです。

　こんな場合、敬語ではなく『です・ます形』を使うことはできますが、これが通用しない場合もあります。それは、社会的に上位にある相手が会話の中で敬語を使い始めてしまった場合です。この場合、社会的に下位にあるこちら側が『です／ます形』という「ていねい度」の低い言い方をしていたのではバランスが崩れてしまうことになりますから、こちらも相応の敬語を使う必要が出てくるというわけです。……それにしても日本語というのは、気配りにウエイトを置く言語ですよね！

ポイント２：誰についてなされている会話なのかをチェックすること

　たとえば、あなたが「田中教授」と話しているとしましょう。田中教授について話すのでしたら、『尊敬語』を使うわけですし、そうではなくて自分自身について話すのなら、『謙譲語』を使うわけです。また、田中教授の同僚の山田教授について話すのなら、『尊敬語』が使われますよね。

　ここで大切なのは、話者自身のグループに属している人について話す場合です。たとえば、自分のクラスメートの鈴木君について話すとしましょう。この場合、「先生 - 学生」という図式にのっとって、「私」と「鈴木君」の間に『ウチ』の関係が成立しますから、『謙譲語』を使うことになります。

　ここで水を差すようで悪いのですが、敬語を教える際の問題は、敬語が使えるような会話の状況、つまりシチュエーションを人工的に作り出すことのむずかしさにあります。このため、敬語の演習は現実的な場面で行うことが求められてきます。

　こんな時、教師以外に日本人がいる環境なら、実際にその人に授業に来てもらい、学生と会話をさせるといいでしょう。たとえば、同僚の日本語の先生に「ゲスト」として来てもらい、その先生と学生の間で質疑応答をさせるのです。同僚の先生について学生が質問をする時は、次の例のように『尊敬語』を徹底させます。

(2)　今年の夏休みは先生は何を**なさる**んですか？

(3)　先生はどんな本が**お好きです**か？

　一方、謙譲語の演習をする場合は、あらかじめゲストの先生と打ち合わせをしておき、学生から『謙譲語』をうまく引き出させるような質問を考えておきます。たとえば、クラスを「疑似家族」に仕立て、**自分の家族のメンバー**について謙譲語を使って話をさせるのです。学生A君とB君で、B君はA君のお兄さんという設定で次のような質問をしてみます。

(4)　教師：　A君のお兄さんはどこに勤めているんですか？

　　　A 君：　渋谷の図書館に勤めて**おります**。

　さて、せっかくですから、このセクションを閉じる前に、もう二つばかり謙譲語のお話をしましょう。謙譲語というのは、自分を相手より低く見せることによって敬意を示すタイプの敬語であって、決して相手を持ち上げているわけではありません（冒頭の図1を参照）。よって、過度に謙譲語を使うと慇懃無礼に聞こえてしまうという点は、指摘する必要があります。

　謙譲語の利点は、「自分が相手に何かをうやうやしくする」ということを表現できる点です。この利点を最もよく表しているのが、相手に何かをしてあげる時に使う、『お＋語幹＋しましょうか？』というパターンです。たとえば、道に迷った人に「地図を**お描きしましょうか？**」と言ったり、重い荷物を持ったお年寄りに「**お持ちしましょうか？**」という表現なら、複雑な『ウチとソト』の概念を心配しなくても演習ができます。またこのパターンなら、日常会話で幅広く使えますから、敬語の演習から独立させて教えてもまったくさしつかえありません。パターン自体もシンプルですから、もちろん初級レベルで導入することも可能です。

　敬語は社会の潤滑油として発展してきました。敬語が使いこなせるということは、話者の社会的成熟、さらには知性を示すことですから、日常会話に支障のないレベルに達した学生には、徐々に慣れさせていくといいでしょう。

6-3 『あげ・もらい』の言いまわし：授受表現

　『授受表現』とは、「あげる」、「くれる」、「もらう」といった『あげ・もら
い』表現のことです。これらの動詞は使用頻度が非常に高いので、早い時期
の導入が望まれます。同じ『ウチとソト』に関連する文法事項でも、かなり
あとになって導入してもよい『敬語』とはこの点で異なります。

　『授受の表現』を教えるということは、すなわち日本語独特の『ウチとソ
ト』の概念を教えるということですから、初級レベルでいかに上手に、そし
て効果的に教えるかによって、学生のそれ以降の日本語理解にも影響してく
ると言っても過言ではありません。

　授受の表現には、授受動詞をそのまま単独の動詞として使う用法と、「教
えてあげる」、「書いてもらう」、「買ってくれる」のように動詞の後ろにつけ
る補助動詞用法があります。まずは単独の用法から見ていくことにします。

6-3-1　単独動詞としての授受表現

　『授受』というやりとりを動詞で示すには「与える」という意味の『あげ
る』と「受け取る」という意味の『もらう』、この二つがあれば事足りるは
ずです。たとえば英語なら "give" と "receive" のように。それではどうして
日本語には『あげる』のほかに『くれる』が存在するのでしょうか？

　『日本人の発想、日本語の表現』（中公新書）で、著者の森田良行は、日本
語では話者は自分を突っぱねて客観的に自分自身を見ることをしないと述べ
ています。また、『授受』というやりとりにおいて、「田中君は山田君に本を
あげた」とは言えても、「田中君は僕に本をあげた」という文が成立しない
のは、話者自身が『授受』というやりとりの中で自分自身を客観的に「受取
人」として見ることができないからだとも述べています。詳細は氏の著書に
ゆずるとして、日本語の授受表現における注意点は、『あげる』と並立する
『くれる』というユニークな動詞にあることは間違いなさそうです。

　「与える」という意味をもつ動詞が方向性によって『あげる』、『くれる』
と使い分けられるのは他の言語ではあまり見られないことです。これまで何

度となく述べてきたことですが、『くれる』のように学習者の母語に存在しない概念を教える時は、まずそれから導入することが大切です。この点については、『は』と『が』を例にあげて第1章のセクション1-7ならびに1-8でお話ししましたが、もう一度簡単におさらいしておきましょう。

　第1章で『主題の【は】』と『主語の【が】』の導入順序に関して私が提案したのは、まず学習者にとって新しい概念である『主題の【は】』を導入することでした。なぜならば、こうすることによって『主題』という概念を『主語』と切り離して学生に理解させることができるからです。もし『が』を先に導入してしまうと、あとで主語の位置に『は』が現れた時に、学生は「日本語には主語のようなものが二つある」と戸惑ってしまいます。学生に多く見られる『は／が』アレルギーは、誤った導入順序に負うところが多い、というのが私の論点でした。

　『は』同様、『くれる』にしても、この日本語独特の概念を学生に最初に教えずに、『あげる』を先に導入してしまうことの危険性を教師は十分理解すべきだと思います。これはとりもなおさず、語学教師は言語知識を豊富にしておくことにとどまらず、それを上手に料理し、学生に「最小限の努力で最大の効果」を生み出させるよう考えるべきということでもあります。「最小限の努力で最大の効果を生む」、これこそ私が推奨したい合理的日本語教授法のモットーなのです。

　話を戻しますと、『授受の表現』では、『あげる』より『くれる』を強調して教えていくのが妥当ということになるのですが、それでは『もらう』についてはどうでしょうか？　私たちは『授受の表現』というと、どうしても『あげる』、『くれる』、『もらう』をワンセットとして教えてしまいがちですが、はたしてそれが本当に効果的な教え方なのでしょうか？

　この点を次の教案を見ながら考察してみましょう。

> ### 教案
> 学生Aが学生Bにペンを与えた後、
> そのやりとりを学生Bに描写させる。

この演習の目的が、学生Bに「Aさんは私にペンをくれました」と言わせ

るにとどまらず、「私はAさんにペンをもらいました」とまで言わせるとしたらどうでしょうか？　学生は「くれる」という『ウチ』の関係に注意を払うにとどまらず、「くれる」と「もらう」の間に存在する『話者の視点』という概念をも考慮しなければならなくなります。

　ただでさえ「あげる」と「くれる」で混乱しかねないところに、視点を変えた「もらう」が入ってきては頭がこんがらがるだけです。学生の負担を軽減し、「くれる」の概念をちゃんと理解してもらうためにも、ここは思いきって「もらう」は切り捨て、別の機会に教えるのが効果的なのです。

　教科書によっては、ここで「もらう」を含めるだけでなく、「くださる」、「さしあげる」、「いただく」などの敬語表現まで導入しているものもありますが、これなど、学生にしてみれば、針のむしろに座らされているようなものです。それに教える側だって苦痛でしょう。

　これはどんな文法事項の導入にも言えることですが、「複雑な教案だなあ」と教師が少しでも思うような内容なら、学生にとってはそれ以上に苦痛なものであるということです。教案を練る際、教師自身を学生の立場においてみることの重要性がここにあるわけです。

　さて『くれる』と『あげる』に戻りますが、学生には次の二点をおさえてもらわねばなりません。

> 　物のやりとりにおいて『くれる』を使うのは、
> ①　「与える（"give"）」を意味する動詞を使い、かつ
> ②　受取人が<u>自分</u>または<u>自分の『ウチ』のメンバー</u>の場合。
> 　それ以外では『あげる』を使う。

ポイント②と同じことですが、次のように言ってもいいでしょう。

> 『くれる』の主語が「私」または自分の「ウチ」のメンバーになることはない。

　なんといっても最大の注意点は『ウチのメンバー』が一体何を指すのかということです。一番わかりやすいのは、次の例文のように自分の家族の一員が他人から何かをもらった際に『くれる』を使う演習をすることです。

(5)　田中さんは（私の）弟に本を**くれ**ました。

　もちろん『ウチ』の概念が「家族の構成員」にとどまらないのはご承知のとおりです。たとえば「先生」に対して「学生」という集合がある場合、クラスメートのことを『ウチ』のメンバーとすることは可能ではあります。しかし、学生の間に『ウチ』というグループ意識、つまり「一体感」がなければ不自然になってしまうという点も念頭におかねばなりません。

　私が教えている学生はアメリカ人ですが、彼らは個人主義が強く、自分のクラスメートを『同じグループ内のメンバー』とは捉えないようです。それに、一日に一時間だけしか顔を合わせることのない「日本語のクラス」を無理やり『ウチ』のグループと定義してしまうことにも無理があります。ですから、『ウチ』の概念を使って、学生に「先生はクラスメートの○×さんにペンをくれました」などと言わせても、あまりピンとこないわけです。「クラス」というグループを無理にウチ空間にするよりは、むしろ学生をいくつかのグループに分け、疑似家族にした上で家族メンバーの間柄をはっきりさせ、『授受表現』の演習をした方が数段わかりやすいでしょう。

　ところで、以前学生からこんな鋭い質問を受けたことがあります。「自分の母親が自分の弟に何かを与えた時は『くれる』を使うのですか、それとも『あげる』を使うのですか？」と。つまり、やりとりの双方が話者のウチのメンバーの場合、どうするのかということですね。皆さんならどう答えますか？　この場合は、「自分」がそのやりとりにより、どのような利益を得たかによって、「弟」を話者の『ウチ』に引き込む『くれる』を使うか、それとも「弟」を話者から引き離す『あげる』を使うかが決定されます。

　たとえばあなたが飴をなめていて、お父さんが「その飴どうしたんだ？」と聞いたとします。その飴は弟の次郎が母親からもらったのを分けてもらったものです。次のどちらの文が自然でしょうか？

(6)　うん、お母さんが次郎に**くれた**のを僕も分けてもらったんだ！

(7)　うん、お母さんが次郎に**あげた**のを僕も分けてもらったんだ！

(6)の方がだんぜん自然ですよね。これは話者であるあなたが、弟から恩

恵を受けているからなのです。では、いつも弟の次郎ばかりえこひいきしている母親に向かって文句を言うのなら次のどちらを選びますか。

    (8)　お母さんたら、いつも次郎にお菓子を<u>くれて</u>ばかりいて！

    (9)　お母さんたら、いつも次郎にお菓子を<u>あげて</u>ばかりいて！

　(8)の『くれる』ではおかしいですね。この場合、私は弟から恩恵を受けていないわけですから、弟を自分から引き離す『あげる』が正しいわけです。

　このようなケースを見ると、『ウチ』という概念はスパッと境界線を引けるようなものではなく、いろいろな要素が絡みあった複雑なシステムだということがおわかりになると思います。もちろん、初歩のレベルではこのようなひっかけ問題は出しませんが、上級レベルなら、いまのような例を引いて、授受表現における『ウチ』の概念を再確認するのに役立てるのも一考です。

　一方、初歩レベルなら、むしろ「『ウチ』のメンバー」という余計な要素を取りはらってしまい、**自分が受け取り人の場合だけ『くれる』を使う**と単純に定義してしまってもいいかもしれません。もちろん、学生のレベルが上がるにつれて「『ウチ』のメンバー」の定義づけをする必要はありますが……。

　『ウチ』の概念が相対的なのは、なにもいま見たようなひねくれた場合だけに限りません。実は普段の会話でも、本来は『ソト』にいる人を『ウチ』に取り込んでしまうことを頻繁にしているのです。たとえば、こんな状況を考えてみてください。いまあなたが話している田中さんは、あなたにとってあまり面識のない、つまり同グループには属さない人物です。そこにあなたのお兄さんがやってきて、田中さんに何かの包みを渡しました。さて包みの中身を知りたいあなたは田中さんに何と尋ねるでしょうか？　「兄は」で始まる質問を作ってみてください。……どうですか？　そう、答えは、

    (10)　兄 はいま何を<u>くれた</u>んですか？

ですよね。(11)のように、

    (11)　兄 はいま何を<u>あげた</u>んですか？

とは言いません。しかし考えてもみてください。あなたの相手である田中さ

んは、あなたと同じグループには属していなかったはずです。いや、「同グループに属している」というのなら、むしろ包みを渡したお兄さんの方が「家族」という点であなたに近いはずです。それに「兄」のように話者の『ウチ』メンバーは『くれる』の主語にはならないはずですし……　一体どうなっているのでしょうか？

　この条件で『くれる』が使えるということは、包みをもらった聞き手の田中さんが何らかの形で「私」にとっての『ウチ』の存在になってしまったことを意味します。そうなのです、日本語では相手と自分の社会的関係がどうであれ、会話内においてはその相手が話者にとって一番近い『ウチ』のメンバーになってしまうのです。これを図示すると次のようになります。

　この図を見れば、会話内でもっとも近い『ウチ』のメンバーは円内の「田中さん」であって、「兄」は『ソト』にいるに過ぎないことがわかります。円部分は会話によってあらたに作られた『ウチ』というわけです。

　『ウチ』という概念が絶対的外縁を持たず、常に相対的であるというのは言語に興味がある人にしてみれば大変おもしろいことではあるのですが、学習者にしてみればおもしろいどころの話ではありません。とはいうものの、『くれる』は重要な文法事項なのですから、素通りはできません。

　この用法の手っ取り早い教え方として、授業で学生に「○×さんの誕生日にはお母さんは何をくれましたか？」とか、「クリスマスにお父さんは何をくれると思いますか？」などと頻繁に聞くことがあげられます。もちろん、教師が常に聞き手になっている必要はなく、学生間で質問をさせあってもいいでしょう。

6-3-2　補助動詞としての授受表現

ここまで、物のやりとりにおける『ウチとソト』の重要性を見てきましたが、日本語のおもしろい点は、授受表現が「物」のやりとりだけに限らないことです。たとえば「駅への地図を描く」という行為を描写するにしても、その行為が誰から誰へなされたかで、次のように言い方が変わってきます。

(12)　田中さん　⇨　山田さん
　　　田中さんは山田さんに駅への地図を描いてあげた。

(13)　田中さん　⇨　私
　　　田中さんは（私に）駅への地図を描いてくれた。

(14)　上の(13)を「私」の視点から見ると
　　　私は田中さんに駅への地図を描いてもらった。

このように一般の動詞を授受動詞に接続することによって『あげ・もらい』の方向性を示すことを『授受表現の補助動詞用法』と呼ぶことにしましょう。

授受表現を補助動詞として使い、行為の方向性を示すという概念は、他の言語ではあまり見られません。ちなみに英語では文中に "for me" とか "forだれだれ" を付け加えることによってやりとりの方向性を表しますね。

授受表現の補助動詞用法は日本語の基本的構文であり、これをマスターしないことには日本語も日本語らしく聞こえないといっても過言ではありません。この用法を習得しない学生はかなりレベルの高いクラスに上がっても、次のような言い方をしてしまいがちです。

(15)　先生は私たちに本を読みました。（「読んでくれました」が自然）

(16)　私は母の誕生日に花を買いました。（「買ってあげました」が自然）

こういった言い方をしてしまう学生は、「誰かのために何かをする」ということを表現する時には授受動詞を補助動詞として使う、という基本ルールが頭に入っていないわけです。

授受動詞の単独用法で見てきた『ウチ』の基本概念は、そっくりそのまま補助動詞用法にも適用しますから、単独用法がしっかり定着したら、忘れな

いうちにこの補助動詞用法を導入するのがポイントです。

　いろいろな教科書を調べてみますと、この二つの用法が大きく切り離されていて、補助動詞用法がかなりあとになって出てくるものが多いようです。「なになにしてあげる」とか「なになにしてもらう」という言い方はごく日常的な日本語の言い回しなのですから、たとえ教科書で後ろのほうにあっても、臨機応変に早めに導入してもいいのではないでしょうか。

　初級の日本語の授業では、教師はどうしても単純な日本語を使いがちです。もちろん、学生に理解できるように単純な言葉を使う気持ちもわからないではありませんが、その際重要なのは、そういった単純な日本語が『自然に聞こえる日本語』でなくてはならないということです。この点において『なになにしてくれる／あげる／もらう』といった表現は、たとえ『授受表現の補助動詞用法』を導入する前であっても、教師は積極的にクラスで使い、学生の耳に慣れさせておくべきだと思います。とくに海外の日本語教育現場では、学生が接触する唯一の日本人が日本語教師という場合が多いわけですから、自然な日本語をクラスで早い段階から使うことの重要性はなおさらです。

6-4　『こそあど』表現：指示詞

　物を指す場合、日本語では「これ」、「ここ」、「この」のように『こ』で始まるもの、「それ」、「そこ」、「その」のように『そ』で始まるもの、そして「あれ」、「あそこ」、「あの」のように『あ』で始まるものがあります。これに「どれ」、「どこ」、「どの」といった『ど』で始まる疑問詞を合わせて、『こそあど言葉』または『指示詞』と呼びます。

　『こそあど』の基本規則は実に簡単です。たとえば「ペン」を例に考えてみましょう。話者と聞き手という関係において、「ペン」が話者の手の中、または話者の近くにあった場合、それを指して「このペン」と言いますね。つまり、物が話者の『テリトリー（なわばり）』にある場合、『こ』が使われるわけです。反対に「ペン」が聞き手の『テリトリー』にある場合は、「そのペン」のように『そ』が使われます。そして「ペン」が話者・聞き手のどちらの『テリトリー』にも属さない場合は「あのペン」のように『あ』が使

われるということになります。

　たとえば英語では、『そ』と『あ』に相当する指示詞が "that" 一語で済んでしまうため、日本語における指示詞とその範囲をことさらはっきりさせておく必要があります。『こそあど』を定着させる練習としては、単純ですがこんなのはどうでしょう？　まず教師も含めてクラス全員がペンを手に持ちます。また、教師・学生双方から離れたところにもペンを置いておきます。まず一人一人が自分のペンを指さし、全員で「これ」と言います。次に教師は学生のペンを指さし、同時に学生は教師のペンを指さし「それ」と言います。次に双方から離れたところにあるペンを指さし「あれ」と言い、そして最後に指で「？」を作りながら「どれ？」と全員で言い、「♪♪これ〜それ〜あれ〜どれ〜」(なんか民謡の合いの手みたいですが) と何回か繰り返します。たったこれだけのことですが、リズムをとって繰り返すことによってパターンが驚くほどきっちりと定着します。

　どの教科書でもたいてい「Q：これはなんですか？　　A：それは○×です」というやりとりが最初の方に出てきますので、せっかく身につけた『これ／それ／あれ／どれ』の概念を忘れないうちに、他の『こそあど』語も教えるといいと思います。名詞を修飾する「この／その／あの／どの」、場所の「ここ／そこ／あそこ／どこ」なら、早い時期でもすんなり導入できるはずです。

6-4-1　目に見えないものを指す時の『こそあど』は　　　　　　むずかしい

　目に見えるものを指す場合の『こそあど』は比較的やさしいのですが、『こそあど』が目に見えないもの、つまり会話の中で取り上げる「話題」を指すと俄然むずかしくなってきます。これはなぜかというと、「会話」という、話者と聞き手の間におけるやりとりで、ある話題が話者と聞き手のどちらのテリトリーに属すかという判断が、話者に常に求められるからです。短い会話を見ながら、このことを考えてみましょう。

(17)　田中：昨日、小説を読んだんだけど、<u>この</u>小説がまた長くてね！
　　　佐藤：<u>その</u>小説、題は何ていうの？
　　　田中：『戦争と平和』
　　　佐藤：ああ、<u>それ</u>なら読んだことある！　<u>あの</u>小説は確かに長いね！

『こそあど』のオンパレードですね。指示詞がついた「小説」は、目に見える「物」ではなくて、あくまでも会話上の話題だという点に注目してください。それぞれの例文を『テリトリー』という概念で見てみましょう。

田中：昨日、小説を読んだんだけど、<u>この</u>小説がまた長くてね！

　『この』が使われていることから、田中さんが読んだ「小説」は話者である田中さん自身のテリトリーに属していることがわかります。小説の題名もこの時点ではまだ佐藤さんには言っていませんし、どんな小説なのかもわかっていないのですから、完全に『話者のテリトリー』にあるということになります。

佐藤：<u>その</u>小説、題は何ていうの？

　『その』は聞き手のテリトリーに属するできごとを示す指示詞です。田中さんに「この小説」としか言われていない佐藤さんにしてみれば、「小説」は、未だに田中さん、つまり『聞き手のテリトリー』に属していることになります。

田中：『戦争と平和』
佐藤：ああ、<u>それ</u>なら読んだことある！　<u>あの</u>小説は確かに長いね！

　やっと小説の題名が『戦争と平和』だとわかりました。佐藤さんはまず、「それなら読んだことある！」と『それ』を使って相手の読んだ小説を指しています。そしてそのあとで「あの小説」というふうに、指示詞を変えていることに注意してください。最初の文から次の文への間に、「小説」が佐藤さんの聞き手（＝田中さん）のテリトリーから、二人の共有するテリトリーに移行したわけです。佐藤さんは田中さん同様、『戦争と平和』を読んでおり、そしてさらにその小説のコメントをしたいわけですから「小説」を二人の共通の土俵に持ってくる必要があったのだといえます。

　このように、会話の話題を指し示す『こそあど』は常に流動的で、「この
ペン」、「そのペン」などと違って、物を目で追うことができない分、高度な
言語理解力が要求されるのです。

　また、『こそあど』の中でとくに注意すべきは『あ』です。『あ』の指示詞
を使う時はその話題が『話者・聞き手双方のテリトリーにある』ことを確認
しなくてはいけないからです。よく、唐突に「ちょっと、**あれ**どこやった？」
とか、「**あの人**ったらさあ！」などと言って、聞いている人を面食らわせる
人がいますが、こういう人は「話者のテリトリー内の話題を聞き手が理解し
ているかどうか」という確認作業を怠っているか、または「私の言っている
ことを聞き手が理解していないわけがない！」と思い込んでいるわけです。

　ところで、ここで思い出していただきたいのですが、「あのペン」などの
ように目に見えるものを指す場合、『あ』の指示詞は「話者・聞き手双方の
テリトリーから**離れたものを指す**」と先ほど説明しました。しかし目に見え
ない「話題」を指す場合の『あ』は「話者・聞き手双方が**共有しているもの
を指す**」のです。この二つは一見矛盾しているように見えます。しかし、目
に見える「ペン」など『物』の場合、話者・聞き手双方から離れてはいるけ
れど、**双方の視野に入っている**という意味では「ペン」は明らかに「共有さ
れている」わけです。つまり『ものごとの共有を示す』という機能において
は、どちらの使い方にも変わりがないということになります。

　さて、ここまでごらんになっていかがでしょうか？　一見単純そうな『こ
そあど』ですが、「目に見えない話題」を指す場合の指示詞は、かなり複雑
な構造を持っていることに気づかれたことと思います。ただ、話題を指す場
合の指示詞は、初歩レベルでは使用頻度が低いのが救いといえば救いです
が。

　指示詞の使い方は、日本に住んだことがあり、かなり会話能力が高い人で
もよく間違える文法事項ですので、教師としては学生が間違いを起こすよう
な会話のシチュエーションに目を配り、どういう間違いをしているのかを分
析する必要があります。

　この章では『敬語』、『授受表現』、『指示詞』という、『ウチとソト』の概
念なしには理解できない三つの表現を見てきました。『ウチとソト』の概念

というのは「文法概念」であると同時に、私たちの日常生活の根本になっている日本社会の中での「文化概念」でもあります。これら数例を見ただけでも、語学教育を社会的・文化的コンテクストで考え、また教える必要性がおわかりになったと思います。

　「クラス」という人工的な環境の中で、社会的・文化的コンテクストを含んだ文法事項を教えていくのは並大抵のことではありません。日本語教育に携わる者はこの点を十分理解し、その上でどのような教え方をしていけば「社会的コンテクスト」と「言語学的コンテクスト」がうまく融合できるのかということを考えていかなければならないと思います。

《第7章》

ないがしろにされやすい
発音とアクセント

この章のポイント

・正しい発音を教えるには音のメカニズムを把握しなければならない。
・日本語は『強弱』アクセントではなく『高低』アクセントである。
・外来語は外国語ではなく日本語であることを踏まえた上で、発音を教える。

　私たちが話す言葉の一つ一つは『意味』と『音』という二要素から成り立っています。どちらも必要不可欠なものでありながら、日本語教育の現場を見渡してみますと、どうも私たち日本語教師は『意味』に重点を置きはしても、『音』の方は意外とおろそかにしているような気がします。

　中学一年で英語の授業を初めてとった時のことを思い出してください。"I am a boy." は習いはしたものの、その発音は「アイ・アム・ア・ボーイ」であり、けっして[ay æm ə bɔy]ではありませんでした。発音記号は確かに習ったような気もしますが、それが一体どういったしくみで実際に発音されるのかについては、誰も教えてくれなかったのではないでしょうか。そのツケが、中学・高校で六年も英語を勉強していながら英語が発音できない、英語が聞き取れないというところに出ているわけです。

　英語という外国語学習で発音を軽視してきた習慣が、日本語教育にも知らず知らずのうちに出ているのではないでしょうか。

　学生に日本語を教え、どんなに文法的に誤りのない日本語を話すことに成功しても、「日本語らしく聞こえる」日本語を話せなくては宝の持ち腐れです。こんなことにならないためにも、日本語の音をもう一度見直してみる必要がありそうです。

7-1　日本語における発音の特徴

　日本語は一つ一つの音の区切りが母音で終わる言語です。この「音の区切り」のことを『音節』または『シラブル』と言います。日本語のように母音で終わる言語は、音節の終わりが口が開いたままの状態になるので、『オープン・シラブル言語（"open syllable language"）』と呼ばれています。この特徴を持つ言語にハワイ語などの太平洋言語があげられます。ちなみに英語や韓国語は、音節が一般に子音で終わる『クローズド・シラブル言語（"closed syllable language"）』と呼ばれています。

　オープン・シラブル言語では、母音が単独で現れるか、または子音とくっついた形でしか存在しませんから、基本的には、シラブルパターンの数は【（子音の総数×母音の総数）＋母音の総数】ということになります。

　日本語の場合、母音の数は[a, i, u, e, o]の五つ、そして子音の数は[k, s, t, n, h, m, y, r, w, g, z, d, b, p]の14音からなりますから、全部で75音ということになりますが、[y]につく母音は[a, u, o]の三つしかありませんし、[w]につくのは[a]一つだけです。注1　このほかに『きゃ』のように[y]音が子音につく音（＝拗音）もあり、これだけで33音もあります。これに撥音（はつおん）の[N]（＝『ん』）と促音の[Q]（＝『っ』）を合わせて、日本語の音は全部で102ということになります。

　102音と聞くとものすごい数に聞こえますが、英語のように閉じたシラブルを持つ言語と比べたら、組み合わせからいっても大したことはありません。それにオープン・シラブルだからこそ、日本語では一つの音節を一つの「かな」で表せるわけです。

　反対に、英語などでは、[k]というアルファベット一字は一つの音節シラブルを表記しません。つまり英語などは、日本語と違って『一音 ＝ 一語』の言語ではないということです。

注1「を」を［ウォ］のように発音する人もいますが、ここでは計算に入れていません。また、「じ」を「ぢ」、そして「ず」と「づ」も同じ音としています。

7-1-1　子音の注意点

　日本語は音節が母音で終わるオープン・シラブル言語ではありますが、子音が単独で音節を形成するパターンが二つあります。撥音の『ん』と促音の『っ』です。この二つは発音上からも注意が必要な子音です。

　先ほど気づいた方もいらっしゃるかもしれませんが、私は『ん』を表す発音記号として[n]ではなく[N]を用いました。それというのも、ナ行を表す[n]音と、『ん』を表す[n]音では音を出すメカニズムが違うからです。ナ行の[n]音は舌の先を上あごの歯と歯茎の間に当てるのに対し、「ほん」の『ん』に見られる[N]音では、舌は口の中のどこにも接触せずにさまよっています。実際に発音して確かめてみてください。

　この[N]音を持つ言語はそう多くはないので、教師の側で注意をしていないと、たとえば、『ほん』の発音を[hoN]ではなく[hon]としてしまう学生が必ず出てきます。この場合、「ほんを読む」のように『ん』のあとに母音をつけると問題点がはっきりしてきます。つまり『ん』を[N]と認識できていない学生は[hono yomu]、つまり「ホノヨム」のように発音してしまうのです。教師は手で口の形を作るなり、模型を使うなりして『ん』の発音のメカニズムを教えてあげる必要があります。

　促音の『っ』も注意が必要です。この音は「音」とはいえ、**聞こえない音**です。しかし「間（マ）」としては明らかに一音節分の間を持つ「音」なのです。正確に言うと、この「音」は声帯を閉じることによって作られる、いわば息の詰まった音です。この音を本章では[Q]という発音記号で表すことにしました。この音は「来て[kite] - 切手[kiQte]」、「して[shite] - 知って[shiQte]」、「職[shoku] - ショック[shoQku]」などのように、似たもの同士の言葉を聞かせて、耳を慣れさせることが大切です。

　また学習者の中には『ひゃ／ひゅ／ひょ』のように[h]と[y]が重なった音がうまく発音できない人も多いようです。これは[h]の音声的な質の違いによるものです。英語などの[h]音が喉の奥の方で作られるのに比べて、日本語の[h]音はそれよりずっと前方で作られます。さらに、日本語の[y]音は口の中の比較的前方で作られます。このため日本語の[h]音は同じく前方で作

られる[y]音とくっつきやすくなり「ひゃひゅひょ」も簡単に発音できるのですが、これが喉の奥の方で作られる[h]音しか知らない学生ですと、この二つの音をくっつけるのにかなり苦労するわけです。たとえば「百[hyaku]」という言葉など、日本人にはなんでもない言葉ですが、こういった学生には一苦労ですので、まず『ハヒフヘホ』を日本語らしく口腔内の前の方で発音できるように練習させるといいでしょう。

　『ラ行』の音もくせものです。これらの音は実際に発音するとわかりますが、舌先を上の歯と歯茎の間より、こころもち上にピンと当てるようにしてできる音です。『ラリルレロ』を[ra ri ru re ro]のように表記してしまいますと、学生は自分の母語の[r]音で発音しようとします。たとえば、英語が母語の学生なら、舌を後ろに巻いて発音しますから非常にこもった音になってしまうのです。これも[h]音同様、舌の位置と動きを説明しながら『ラリルレロ』を何度も練習させる必要があるでしょう。

　また、日本語の[r]音は舌の位置が[d]音の位置と同じため、英語が母語の学習者には『ラ行』が『ダ行』に聞こえるようです。たとえば、「から」という言葉が「かだ」と聞こえるように。一方、スペイン語の[r]は（「犬」を意味する[perro]のように[r]が二つ連なる場合に顕著ですが）、日本語の[r]の発音に近くなるため、スペイン語が母語の学生には日本語のラ行はそれほど苦痛ではないのです。発音はまさに学習者の母語によって明暗がくっきり分かれる分野というわけです。

7-1-2　母音の注意点

　子音はこのくらいにして、こんどは母音を見てみましょう。皆さんは小学校や中学校の音楽室の壁に母音と口の形の関係を表した図が張ってあったのを覚えていますか？　あれは声楽（つまり西洋の音楽）における正しい母音の発声法を示したものですが、私など、あのとおりに日本語の『あいうえお』を発音すると口が疲れてしまったものです。これはどうしてかというと、日本語の母音は西欧語ほど口の筋肉を使わないからなのです。ちなみに、母音だけでなく[w]のような子音にもこのことは言えます。英語の[w]音は口をも

のすごくすぼめますが、『わ』に見られる日本語の[w]音は、ちょっと鏡を見て確認されればわかりますが、口をすぼめない[w]音なのです。

英語は方言によっては15の母音があるといわれますが、これら母音の微妙な違いも口の筋肉を動かすからこそ可能なわけです。どうりで日本人が英語の発音を苦手とするはずです！ ですから日本語の母音の習得では、まず学生の口をリラックスさせるのが成功への一歩といえましょう。

『長音』についても少しお話ししましょう。長音とは音節に含まれる母音をもう一音節分伸ばすことです。たとえば「おばあさん」の[oba:saN]とか「カード」の[ka:do]の下線部分などがそれにあたります。言語によっては長音・短音の違いがないものもありますので、こういった言語を母語とする学習者にとって長音を聞き分けるのは至難の業といえます。「おばあさん」と「おばさん」、「カード」と「かど」などの区別がつかないわけですし、「囚人」と「主人」を間違えるなんてシャレになりませんから。長音の発音のしかた・聞き方は頭だけで理解できるものではありませんので、とにかく聞く練習をさせることが重要です。教科書の補助教材のテープにはたいていいまのような例を使った聴解練習があるので活用するといいと思います。注2

私たち日本人の多くが学生時代に英語を習っていながら、発音に苦労するのも、習い始めにしっかり英語の音のしくみを体得しなかったからだというのは冒頭でもお話ししたとおりです。日本語の発音は英語に比べて簡単ではありますが、初級の学生には発音の注意点をしっかりおさえて自然な日本語を習得させるようにしたいものです。

7-2　日本語のアクセント

外国人が話す日本語を注意深く聞いてみると、人それぞれ話し方の流れに違いがあることに気がつきます。パターンの違いはかれらの母語が何であるかによって大別されます。たとえば、日本語初級レベルの韓国人学生が話す

注2 ところで、長音の表記ですが、「映画[e:ga]」や「学校[gakko:]」のように[e:]、[o:]となる長音は、書く時には「ええが」、「がっこお」ではなく「えいが」、「がっこう」のように「～い」、「～う」で表記されることもここで付け加えておきます。

日本語には強いアクセントがあまりありませんが、英語を話す学生の日本語にはかなり強いアクセントが感じられます。これは、音の流れのパターンが日本語と西欧語では極端に違うからです。

　さらに英語を話す学習者の日本語に耳を傾けてみると、アクセントの波の高低に「メリハリ」があることに気づきます。簡単な例を見てみましょう。

　　　はじめまして [ha ji me ma shi te]

　この単語をかれらに発音させると、いわゆる「外国人アクセント」の強い人は「はじめまして [HAjime-MAshite]」と「は」の音に少しアクセントを置いて、さらにもっと強いアクセントを「ま」に置きます。

　日本語にもアクセントがあることはあります。たとえば、「はじめまして」なら、『ま』の音が強く聞こえますよね。注3　しかし日本語におけるアクセントの表現のしかたは英語とはだいぶ違います。日本語ではいくらアクセントが『ま』にあるといっても、この音に強調ストレスを置いて発音したりはしません。むしろ第一音の『は』から低いピッチで始まり、それから『じめ』と少し高いピッチで『ま』まで進んだあと、『して』で階段を踏み外すようにピッチをガクンと落とすのです。これを図示すると次のようになります。

　　　は│じめま│して

　この『ま』から『して』にかけての「踏み外し」によって、『ま』が余計強く聞こえるのです。つまり日本語におけるアクセントとは、高いピッチから低いピッチにガクンと落ちる境界線の音節のことなのです。英語などのイントネーションパターンを単発的な「強弱型」と呼ぶとしたら、この日本語のアクセントパターンは「高低型」とでも呼んだらいいでしょうか。メリハリのあるいわゆる「外国人アクセント」の原因は、日本語を「強弱型」イントネーションで発音しようとする点にあるわけです。

　英語の「強弱型」イントネーションは、見事なほどにアクセントが『強弱強弱……』と規則正しくついています。ですから「はじめまして」という言

注3 アクセントの位置について、ここでは標準語のアクセントに沿ってお話ししていきます。

葉も「はじめ」と「まして」と英語式に分けられ、それぞれの第一音節に
『強』アクセントを与えているわけです。ですから、四音節の「よこはま[yo
ko ha ma]」なども「よこ」と「はま」に分けて、「よこはま[YOko HAma]」
というアクセントパターンで発音してしまうわけですね。(ちなみに「よこ
はま」は標準語では無アクセントです。)

メリハリを持った外国人アクセントを矯正するには次のような方法があり
ます。要するに日本語を話す時に「メリハリ」をなくせばいいのですから、
それにはまず、口を大げさに動かさないで発音させることです。英語が母語
の学習者が話しているのを注意して見ると、口をとがらしたり、大きく開け
たり、とにかく口の筋肉をよく動かしていることに気づきます。これと同じ
感覚で日本語も話してしまうから「メリハリ」がついてしまい、その結果
「外国人アクセント」になってしまうわけです。

まず、顎の力を取り除き、口をリラックスさせるように学生に指示するだ
けでかなりの効果が出てきます。また、話す際に大きな声を出さず、こころ
もちボリュームダウンして話すように指導することによって、さらなる効果
を生み出すことができます。私の学生で、外国人アクセントがとりたてて強
い学生がいましたが、その学生に「口を大きく開けずに普段の半分の声量で
日本語を話してごらん」と指示したところ、グンと日本語らしく聞こえ、そ
の学生はおろか、私までもが驚いたことがあります。

7-2-1 イントネーションパターン

日本語のイントネーションパターンとは、一体どのようになっているので
しょうか。イントネーションパターンの基本ルールは以下のとおりです。

①第一音節は低いピッチで始まる。
　(ただし、第一音節にアクセントのある場合を除く)
②アクセントのある音節には一番高いピッチがつく。
③第二音節からアクセントのある音節までは高いピッチで平坦に進む。
　(ただし、第一音節にアクセントのある場合を除く)
④アクセントの音節より後ろの音節はすべて低いピッチになる。

このルールをもとにいくつか例を見てみましょう。

<u>**第二音節にアクセントがある場合**</u>
は|ね|つき　　お|せ|んべい

<u>**第三音節にアクセントがある場合**</u>
ちら|し|ずし　　ほう|れ|んそう

<u>**第四音節にアクセントがある場合**</u>
かえ|り|ます　　ていき|よ|きん

　最初の音節にアクセントがある場合は、最初だけが高ピッチで残りは低ピッチになります。

<u>**第一音節にアクセントがある場合**</u>
ほ|んや　　あ|いさつ

　また、日本語にはアクセントを持たない言葉も数多くあります。これらの言葉は第一音節が低いピッチで、残りの音節はすべて高ピッチのいわゆる『平板パターン』になります。

<u>**アクセントがない場合**</u>
み|やこ　　よ|こはま

　くどいようですが、「高いピッチ」といっても、英語のように強弱パターンの強ストレスがつくわけではありません。あくまで相対的に音の調子が高いということで、堅苦しく言えば発声時の周波数が高いということです。

　ここまで見てきたように、日本語のイントネーションパターンはアクセントのある音節を中心に決まってきます。しかし残念ながら、日本語のアクセントの位置は、言葉によってまちまちで、機械的にわかる方法はありません。ただし例外もあり、外来語のアクセントなどは、そのいい例です。

　次の例を見れば明らかなように、外来語ではほとんどの場合、後ろから三番目の音節にアクセントがつくのです。

　カラーテレビ、アメリカンフットボール、ファッションモデル

これらのイントネーションを図示すると次のようになります。

カラーテレビ、アメリカンフットボール、ファッションモデル

ただし後ろから三音節目が撥音の『ン』、促音の『ッ』、または長音の『ー』の場合は、次の例に見られるように、アクセントがそれより一つ前、つまり後ろから第四音節目に置かれます。

チョコレートサンデー、カーワックス、コンピューター

最近の若い人の発音に耳を傾けますと、外来語のアクセントを平板、つまり無アクセントにする傾向があるようです。注4 たとえば "video" なら「ビデオ」、"surfer" は「サーファー」のように第一音節にアクセントがあるはずですが、若い人の発音は次のように無アクセントです。

ビデオ、サーファー

「無アクセント」で思い出しましたが、一般にアクセントのない言葉のイントネーションは外国人学習者にはむずかしいようです。たとえば「はし」という言葉でも、第一音節にアクセントを持つ「箸（はし）」や第二音節にアクセントを持つ「橋（はし）」のイントネーションは聞きやすく、また言いやすいのですが、無アクセントである「端（はし）」のイントネーションはかなり認識しにくいようです。

7-3　外来語の教え方にも工夫をこらそう

せっかく外来語の話をしたのですから、ここでは外来語の発音について少しお話ししましょう。広義の『外来語』は漢語も含みますが、ここでは西欧語、とくに日本語への浸透が著しい英語ベースの外来語に限って見ていきます。

　これは、どこの言葉においても言えることですが、外国語の言葉が外来語

注4 イントネーションの平板化は外来語に限らず、他の語彙でもおきています。たとえば「かれし」は本来第一音節にアクセントがありますが、いまは平板で言う人が多いですね。

として定着するには、その言葉の発音が自分の言語の音声システムに合うように修正される必要があります。たとえば、私たちは何も気にせずに英語の"one"という単語を「ワン」と発音していますが、日本語的に「ワン」と言っても英語を母語とする人たちのなかには「？」と思う人も少なくありません。まず「ワ」の[w]音の質が違います。日本語では口をゆるく開けて[w]を発音しているのに対し、英語の[w]では口を極端にすぼめてこの音を作っています。次に[w]につく母音ですが、日本語の[a]の母音は顎が下がり、舌が緊張せず全体的に下がっているのに対し、英語では舌が緊張し、ちょうど口腔内の真ん中あたりに持ちあがっています（発音記号では[ʌ]で表されます）。おまけに最後の「ン」の発音では、この章の最初にもお話ししたように、日本語では舌が口腔内のどこにも接触していない[N]音なのに対し、英語では[n]の発音記号で表されるように、舌の先が上の歯と歯茎の間に触れている音なのです。

　このように、日本語にない外国音を私たち日本人はそれに近い日本音で代用発音しているのです。日本語学習者は外来語を耳にした時、それが本来どんな発音なのか考えなければならないのですが、一概に日本語に「近い音」といってもその幅はさまざまですから、これはかなり大変な作業です。たとえば「ブルース」といっても、それを聞いただけでは音楽のジャンルである"blues"（[l]音）なのか、人名の"Bruce"（[r]音）なのかさっぱりわからないわけです。

　私は授業で、外来語をカタカナの練習の一環として導入するようにしていますが、一方的に、たとえば「『レストラン』は"restaurant"のことですよ」などと教えるのではなく、一つ一つの外来語を声を出して言わせ、元の言葉は何なのかをゲームのように想像させるようにしています。

　その際、「『ラリルレロ』で表される外来語は[l]と[r]のどちらにもなりうる」とか、「日本語の[a]音は英語では"cut"の[ʌ]かもしれないし"apple"の[æ]かもしれないし"father"の[a]かもしれない」とか、「『バ』行の音は[b]かもしれないし[v]かもしれない」というように外国音の日本語化音に関する規則を与えることが必要だと思います。

　また、外来語をより理解するためには、発音だけでなく日本語の音節（シ

ラブル）の特徴も知っておく必要があります。この章の冒頭でもお話しした
ように、『オープン・シラブル言語』である日本語において、言葉の終わり
が子音で終わるケースは『ン』か『ッ』（「あっ！」のように）に限られてい
ます。当然この特徴は外来語にも適用されますので、もとの言葉が子音で終
わっている場合には母音がくっつくことになります。

　それではどんな母音がつくのかということになりますが、はっきりした規
則とは言えないまでも、「この子音にはこの母音がつくことが多い」という
傾向のようなものはありますので、以下に列記します。

[o]がそえられる子音
語尾の子音が[t, d]の時

　　ポッ<u>ト</u>（po<u>t</u>）、ベッ<u>ド</u>（be<u>d</u>）

[u]がそえられる子音
語尾の子音が[s, z, k, g, p, b, f, l, m, v]の時

　　キ<u>ス</u>（kis<u>s</u>）、ジーン<u>ズ</u>（jean<u>s</u>）、キッ<u>ク</u>（kic<u>k</u>）、ゴン<u>グ</u>（gon<u>g</u>）
　　トッ<u>プ</u>（to<u>p</u>）、バル<u>ブ</u>（bul<u>b</u>）、ピラ<u>フ</u>（pila<u>f</u>）、プー<u>ル</u>（poo<u>l</u>）
　　クリー<u>ム</u>（crea<u>m</u>）、ドライ<u>ブ</u>（dri<u>ve</u>）

[i]がそえられる子音
語尾の子音が[sh, ch, j]の時

　　ブラ<u>シ</u>（bru<u>sh</u>）、パン<u>チ</u>（pun<u>ch</u>）、ガレー<u>ジ</u>（gara<u>ge</u>）

　日本語の『音節の形』と『発音システム』、この二点から外来語を見ます
と、外国語を日本語発音にするという作業も、ある一定の規則によっておこ
なわれていることがわかると思います。これらの規則に関する知識は、たと
え授業で触れずに教師の心の中に留めておいたとしても、いざ学生から質問
があった時などに、必ず役にたちます。日本人としてあたりまえすぎて、い
ままで考えもしなかったことを、系統立てて知識として蓄積しておく、これ
が私たち日本語教師に求められていることなのです。

　私たちのまわりが情報社会化するにつれ、世界はぐんぐん狭くなってきて
いますが、日本語における外来語の加速度的増加は、まさにこのことと深い
関係があります。とくに科学・コンピューター関連の外来語の氾濫は「日本語

に外国語が流れ込むのはけしからん」などという感情論では抑えきれないほどの勢いです。そしてこれら諸分野の用語は疑う余地すらないほど完璧に英語の世界なのです。

　これらの外来語をいたずらに日本語に翻訳しても、外国人とのコミュニケーションに支障をきたすだけです。むしろこういった用語は外来語として受け入れるなら受け入れるで、もとの英語のつづり方を添えるなどして、日本語の世界の外でも通用するような整備が必要となってくるのではないでしょうか。

　一例をあげましょう。先日、日本のコンピューター雑誌を読んでいたら「シーケンス」という用語が目にとまりました。その場では何のことだかわからなかったのですが、文脈から察するに「連続」を意味する "sequence"（[siːkwəns] - 敢えて日本語読みするなら「スィークウェンス」）だということに気づきました。これなど、英語を母国語とする学習者が読んでもわかりませんし、日本人が海外で、この『外来語』を口にしてもおそらく誰もわかってくれないと思います。

　外来語は発音だけにとどまらず、さまざまな問題をはらんでいます。たとえば「コンペ（"competition" - 競争）」などの短縮語、「ワードプロセッサー（"word processor"）」を「ワープロ」とする「言葉のブツ切り＋接続」といった省略語などは、日本人同士では便利でも、外国人学習者には非常にわかりにくいものだということを、私たちは知っておくべきでしょう。

　この章では日本語の発音・アクセントを簡単に見てきました。日本語教育の現場を見渡してみると、この「音」という大切な言葉の側面を、私たち日本語教師は見過ごしてきていることをつくづく痛感するのです。日本語の発音・アクセントに関する知識を豊かにし、学習者が変な癖をつける前に自然な日本語に慣れさせ、また矯正していくことが、私たち日本語教育に携わる者には切に求められていると思います。

《第8章》
直訳式学習法の落とし穴

この章のポイント

・学習者の母語の論理で日本語を理解させようとしてはいけない。

・『同義語＝同じ意味』は幻想にすぎない。

・同義語間の微妙な違いを上手に教えることが学習者の日本語センスを磨く近道。

8-1　母語を使って日本語を学ぶのは危険だ

　外国語を習う際、私たちは母語の論理で習おうとしてしまいがちです。とくに思考パターンというものは、小さい時から身についているものですから、母語に頼らずに外国語を学習するのは大変困難なのです。

　母語に頼る言語習得の一例として、「論文」を書く作業を考えてみましょう。西欧語で論文を書く場合、書き手はまず主題を提示し、それに対する自分の意見・結論をまず述べてから、その意見のサポートとなる点を書き出していきます。この「結論を前もって提示する」というルールを守ってさえいれば、どんなに長い論文でも論旨をはっきりさせることができるのです。言い換えれば、西欧語の論文では、いま述べた書き方の作法を習得してしまえば、誰でもある程度の文が書けるということです。

　日本語の論文の書き方はどうでしょう？　『起承転結』というくらいで、かなり回り道をしながら結論に到達する傾向があるようです。日本語の論文は、たとえば「まんじゅう」です。真ん中の「餡」にたどり着くまでに皮を食べねばならない、つまり結論に達するまでに紆余曲折を経ねばならないというわけです。たとえば、起承転結の使い方が下手な人の書いた文なら「あんこ」を食べる前に皮だけで食傷してしまうかもしれません。下手をしたら肝心のあんこがなかったり、「あんまん」ではなく実は「肉まん」だった、なんていうこともありうるのです。

　自分の恥をさらしてしまいますが、大学時代、あるクラスで英語のレポートを提出した時、アメリカ人の教授に「君の文は何が言いたいのかはっきりしない。ポイントは何なのか？」と言われショックを受けた経験があります。これなども、（自分の文の稚拙さをあえて棚にあげれば）日本語と英語の論理構成の違いによるところが大きいからだと思うのです。つまり、私は英語で論文を書いていたものの、実は「日本語感覚」で書いていたわけです。同様に、自分の母語の論理を使っているがために、ちょっと変な日本語を話したり書いたりする学生を、私たち日本語教師も常日ごろ目にしています。

　学生が日本語を自分の母語に直訳しながら学んでいる限り、日本語のものの見方や論理の組み立て方は決してマスターできません。この章では、単なる直訳方式では理解しにくい表現をいくつか具体的にあげ、それでは一休どのような教え方をしていけば、自分の母語にとらわれることなく日本語を学び、さらには日本語の「ものの見方・論理の組み立て方」をつかみ取ることができるのかを考えていくことにしましょう。

8-2　語彙レベルにおける直訳学習の落とし穴

　直訳式学習法がうまくいかない具体例を、まずは語彙レベルで見ていきましょう。第一例は『なかなか』という副詞です。

　(1)　このテストは**なかなか**むずかしい。

　この言葉を初級の学生が使うようなシンプルな和英辞典で調べてみると“very; not easily”などと出ています。この定義をそっくりそのまま使って例文(1)を直訳すると、“This test is very difficult.”となるので、とりたてて問題はないようにも思えます。しかし次の文はどうでしょうか？

　(2)　田中さんは、**なかなか**やって来ませんね。
　(3)　この時計、**なかなか**すぐれものなんですよ。

　これらの文では、“very; not easily”のように型にはまった定義ではうまく意味がつかみとれません。『なかなか』にはもっと複雑な意味があるようです。

この言葉の用法をよく見ますと、「話者の期待以上に」というニュアンスがあることに気づきます。この点を念頭に、上の例文を見直すと問題点がはっきりしてきます。例文(2)は「自分が期待している時間になっても田中さんはやって来ない」ということですし、例文(3)は「時計の機能が思った以上にいい」ということですね。注1

形容詞や『なかなか』のような程度を表す副詞は、モノと言葉の間に基本的に一対一のつながりがある普通名詞とは違って、辞書に載っている定義だけではカバーできないことが多いのです。『なかなか』の他にも『かなり』、『いやに』、『ずいぶん』などがありますが、とりわけ『かなり』は、表面上だけでなく、深層レベルにおいても『なかなか』との区別がしにくい副詞です。次の文を比較してください。

(4)　このテストは**なかなか**むずかしい

(5)　このテストは**かなり**むずかしい

双方とも、「自分の期待以上に」というニュアンスを伝えることができます。しかし日本語を母語とする私たちは、この二つの用法に微妙な違いがあることを知っています。いざ説明しろと言われるとむずかしいですが……

まず、『かなり』は『なかなか』と違い、「時間の経過」が表せません。「田中さんは、**なかなか**やって来ませんね」、「今年は桜が**なかなか**咲かなかった」とは言えても、「田中さんは、**かなり**やって来ませんね」、「今年は桜が**かなり**咲かなかった」とは言えません。

また、『かなり』という言葉には「期待以上に」という意味のほかに「**普通より程度が上だ**」という意味もあります。この「普通」というところが少々あいまいですが、次のような例を考えてください。アメリカ人のAさんはどうも語学に向いていないらしく、いくら勉強しても日本語が上手になり

注1『なかなか』という表現は、話者の期待感に関する表現ですから、話者自身の描写に使うとおかしく聞こえます。学生の作文で「私は**なかなか**元気です」のような文をしばしば目にしますが、これなどは『なかなか』の辞書的意味を機械的に使っているだけで、「話者の期待とは裏腹に」といったこの言葉の持つ内在的意味をつかんでいないがゆえの間違いと言えます。

ません。そこでAさんは一念発起して日本に一年ほど留学し、アメリカに帰りました。ほかの学生に比べたらAさんの日本語レベルはまだまだ低いのですが、いくらか上達したのは確かです。こんな時「Aさんの日本語、なかなかうまくなったね！」は自然に聞こえても、「Aさんの日本語、かなりうまくなったね！」では違和感を感じるでしょう。これは、『かなり』の定義である「**普通より程度が上**」に抵触しているからです。

　私たち日本人は直感的にこれらの言葉を使い分けていますが、外国人学習者は私たちと同じ直感を持っていないのですから、こういった言葉を教える際は、辞書的意味を与えるだけでなく、用法に関するシンプルな説明が必要です。これを怠ると、言葉の深層にある用法上の意味を考えずに、単に直訳してしまい、その結果日本語らしくない文を作ってしまいます。

　単語導入の際に効果的なのは、単語を含んだ簡潔な例文を一緒に覚えさせることです。それもドライな例文ではなく、頭のどこかに引っかかるようなものです。おもしろく、かつシンプルな例文を作り、その例文の登場人物にクラスの学生の名前を入れたりするのもいいでしょう。みんなが知っている人の名前を例文に入れておくことにより、学生の頭のどこかにその言葉の意味と例文が、引っかかってくれればもうけものです。

8-3　構文レベルにおける直訳学習の落とし穴

　先ほど、ちょっと『同義語』という言葉を持ち出しましたが、同義語とは文字通り「同義」、つまり同じ意味を持ったものなのでしょうか？　柴谷方良は著書『Languages of Japan』（Cambridge University Press刊）で同義語について次のような興味深い例をあげています。

　(6)　解約　　　　【漢語】
　　　キャンセル　【外来語】
　　　とりけし　　【和語】

　この三つの言葉は同義語といわれています。子供に「『キャンセル』ってどういう意味？」とか「『解約』ってどういう意味？」と聞かれたら、皆さ

んは「それは『とりけす』ってことだよ」と答えるのではないでしょうか。

柴谷氏はこれら個々の単語にはそれぞれ特定の使用状況があることを指摘しています。「解約」は保険の契約書など法的な約束ごとをとりけす時に使われ、「キャンセル」はホテルやレストランなどの予約をとりけす時に、そして「とりけす」はオールマイティに使える一般的表現というように。同著ではほかに、「旅館」、「ホテル」、「宿（やど）」などの例もあげています。

ここで言えることは、完全に同じ意味を持つ二つの言葉というのはないということです。人間というのは案外怠け者ですから、こういった重複は自然に避けて合理化しているわけです。

ところでこのセクションのタイトルに「構文レベル」などと書いておきながら相変わらず語彙の話をしているのも、まったく同じ意味を持つ二つの文法事項は存在しないということを強調したいからなのです。私たち日本語教師は、いわゆる同義構文のどこが決定的に違うのかということを熟知していなければならず、さらにそれを学習者に混乱させずに理解させねばなりません。ここでは次の四つのケースに絞って、このことを考えていきましょう。

①「たら／なら／ば／と」などの『仮定法』
②「そうだ／ようだ／らしい」などの『様態・推量の助動詞』
③「〜たり／〜し／〜て」などの『文接続詞』
④「と／や／も」などの『名詞接続詞』

各ケースにおいて、まず一つ一つ文法事項の意味解釈の違いを見ていき、その違いを学生にわからせるための、いくつかのポイントをあげていきます。

8-3-1　落とし穴その1：仮定法

私たちが英語を習った時、『仮定法』は "if" という言葉を文頭に持ってくればよいと教わりました。もちろん、英語には「仮定法過去」とか「仮定法過去完了」などややこしい時制の規則があるのは事実ですが、「仮定は "if" で表す」ということに変わりはありません。

では、日本語はどうでしょうか？　日本語には仮定法といわれるものが、

『たら』、『と』、『なら』、『ば』、と四タイプもあります。まずは一つ一つ簡単な例文から見てみましょう。

　【たら】　今、百万円あっ<u>たら</u>海外旅行がしたい。
　【と】　　その宿題は、この参考書を読む<u>と</u>よくわかるよ。
　【なら】　あの人が来る（の）<u>なら</u>僕は帰るよ！
　【ば】　　時間があれ<u>ば</u>ぜひお宅にうかがわせていただきます。

　仮定法のそれぞれの機能が同じなら、なにも四つもバリエーションがある必要はないはずです。『たら』なら『たら』で、必ずほかの仮定法と一線を画す条件があるわけですが、厄介なのはこれら四つの仮定法は意味・機能の重複がかなり広範囲にわたってあり、それが学習者にとっても教師にとっても混乱の原因になっているのです。

　それぞれの “if” 表現 についての意味・機能を羅列し、純粋に言語学的に記述していくこと自体はそれほど困難なことではありません。しかし、それでは情報の氾濫を招くばかりで、日本語を習う学生、とくに初級・中級レベルの学生にとっては意味がないのです。私たちがすべきなのは、それぞれの仮定法が他の仮定法と**決定的**に**違う要素**を抽出し、それをわかりやすく学生に提示することです。そして重複しているところは別個に簡潔にまとめ、「この場合はA、B、どちらを使ってもさしつかえない」と指摘してあげるのです。

　このように「共通項」を明確にし、それぞれの仮定法が持つ特徴には個別のスポットライトを当てていくことが「最小の努力で最大の学習効果をあげる」ことにつながるのです。語学教師はこの点に留意して授業内容を考えていくべきだと思いますが、もちろんそのためには一つ一つの文法事項を客観的に分析する言語学的能力が要求されますし、また、そういった見方を身につけていくためのトレーニングが必要なことは言うまでもありません。

8-3-1-1　非仮定的用法

日本語の『if表現』には、一概に「仮定法」とはいうものの、ちょっと毛

色の違うものもあります。これらを『非仮定的用法』と呼ぶことにします。『非仮定的用法』は『たら』と『と』の二タイプに限定されます。注2

(7)　【たら】日本に行っ<u>たら</u>いいカメラを買ってきてください。

(8)　【と】　　100℃になる<u>と</u>、沸騰する。

これら、『Xたら、Y』、『Xと、Y』の文には「YはXのあとに起きる」というニュアンスがあります。『仮定』というより、XからYへの『推移』または『連続性』を表していると言った方が適切でしょう。『たら』と『と』を仮定法とだけ思い込んでいる学生には、この『推移・連続』の用法がわかりにくいようで、『たら』や『と』を使うかわりに、次のような文を作ってしまいます。

(9)　×日本に行く<u>とき</u>、いいカメラを買ってきて！

(10)　×100℃になる<u>とき</u>、沸騰する。

意味は通じたとしても、不自然ですよね。注3 この用法における『たら』と、『と』は、"if" よりは、むしろ "when" の解釈といったほうがいいでしょう。『とき』と『たら・と』の違いをひとことで言えば、『とき』には『X ⇨ Y』という物事の推移・連続性のニュアンスがないということです。

非仮定的用法の『たら』と『と』の使い分けですが、『と』は後ろにくる文が**話者の意志の及ばないできごと**の場合のみに使われます。ですから、次の例文(11)は言えても、例文(12)はだめです。

(11)　　アメリカに行っ<u>たら</u>ハリウッドに行ってみたい。

(12)　×アメリカに行く<u>と</u>ハリウッドに行ってみたい。

注2『たら』と『と』には仮定的用法も、もちろんあります。

注3 これと同じ間違いを日本人は逆の意味においてしてしまいます。「日本に行ったらいいカメラを買ってきて！」というのを英語で言う時、日本人は『たら』を "if" と直訳して、

　<u>If</u> you go to Japan, please buy a camera for me.

と言ってしまうのです。しかしこれは仮定文ではないのですから、"if" ではなく "when" のほうが英文としてしっくりくるわけです。

「ハリウッドに行く」というのは話者の意志の及ぶことなので、『と』は使えないのです。

また、後ろの文が「聞き手に対する命令・勧誘」の場合も『と』は使えません。

(13)　　雨がやん<u>だら</u>、家に来てよ！

(14)　×雨がやむ<u>と</u>家に来てよ！

もう一つ『非仮定的用法』の『たら』、『と』に関して、注意すべき点があります。次の例文をごらんください。

(15)　　家に帰っ<u>たら</u>、手紙が来ていた。

(16)　　朝、雨戸を開ける<u>と</u>、雨が降っていた。

例文(15)と(16)の『たら』、『と』には『仮定』のニュアンスはいっさいありません。しかし、そうかといって、『推移・連続』のニュアンスがあるわけでもありませんね。たとえば、先ほどの例文(7)において「カメラを買う」ことは、日本に行ってから達成されることでしたし、例文(8)で「沸騰する」のも100℃になって初めて起きることでした。しかし上の例文(15)と(16)では、物理的時間の順序が逆になっています。例文(15)で「手紙が来た」のは話者が**帰宅する前**ですし、例文(16)で「雨が降り始めた」のは**雨戸を開ける前**です。

こう見てみますと、日本語というのは物理的時間の順序、つまり『客観的時間』よりも話者の『主観的時間』の方が優先される言語だということがわかります。実際には手紙が帰宅前に着いていようとも、また実際に雨が降り始めたのが雨戸を開ける前であろうとも、**話者がそれらを認識したのは**それぞれ「帰宅**後**」、「雨戸を開けた**あと**」なのですから、話者の意識上では二つのできごとの『推移・連続性』は保たれているわけです。注4

この用法を学生が使いこなすのはやさしいことではありませんが、受動的に読んだり聞いたりして解釈するのはそれほどむずかしくはありません。こ

注4 第3章、セクション3-7でもお話ししましたが、「明日は火曜日だったよね？」のような未来のできごとを話者が「思い出した」時に、あたかも過去のできごとのように過去形を使うというのも話者の『主観的時間』の用法の一つです。

のように、使いこなすのはむずかしいけれども、解釈するのはむずかしくない表現というのはかなりあるのですが、こういった場合は、まず読解や聴解でパターンに慣らしていくことが成功の秘訣です。

　さて、やっと本題の『仮定法』に入れそうです。先ほどもお話ししたように、四つある『仮定法』のそれぞれの用法を羅列していくこと自体は困難ではありませんが、こういった「用法羅列」方式ですと、いくつかの "if" にまたがって同じ意味・機能が見られるケースでは学生が混乱してしまいます。

　私たちはまず、これら一つ一つの意味・機能を正確に把握し、それらの機能の「共通項」を見つけ、いくつかのカテゴリーにすべての用法が収まるような分析をしなければなりません。このアプローチで日本語の『仮定法』を見ていくと、すべての『仮定法』が三つのカテゴリーのどれかに収まることがわかってきます。以下、各タイプごとに、どの『仮定法』がどのカテゴリーに属すのかを見ていくことにしましょう。

8-3-1-2　条件文

　『条件文』とは、『Xが成立すれば、Yも成立する』という定義を満たす文のことです。先に見た四つの仮定法のうち、『たら』、『と』、そして『ば』がこのタイプに属します 。まず、同じ文で "if" の部分だけが違う例文を見て、それぞれのニュアンスの違いを考えてみましょう。

　　(17)　この本を読んだらわかりますよ。
　　(18)　この本を読むとわかりますよ。
　　(19)　この本を読めばわかりますよ。

　『たら』と『と』は、一見しただけではあまり違いはなさそうなのですが、『と』の場合は、前のセクションでも少しお話ししたように、文の後半が「人為的なできごと」の場合は絶対に使えません。例文をごらんください。

　　(20)　×宿題がわからないと君に聞くよ！

　『たら』はその点の規制がゆるく、「宿題がわからなかったら君に聞くよ！」

も大丈夫です。この適用範囲の広さゆえに、『たら』は初歩の教科書でもオールマイティな『仮定法』として最初に導入されているわけです。

　また、『と』と『たら』を比べますと、『と』の方が文の前半と後半の結びつきが、より必然的だということも指摘しておきましょう。たとえば、例文(18)は、(17)や(19)にくらべ、「この本を読むことの必然的結果として（問題の）理解が可能となる」という、定義のような解釈が強くなっています。

　『ば』はどうでしょうか？　このタイプには『話者の希望・意図』といった特有のニュアンスがつきます。例文(19)を例文(17)、(18)と比べれば、(19)には話者の心情が含まれているのがわかるでしょう（いまの私の文にも『ば』がありますね！）。

8-3-1-3　事実に反すること

　「事実に反すること」とは、実際にはそうではないのに「もしそうだったらなあ」と話者が思うことです。このタイプの仮定法には『たら』と『ば』の二つがほぼ同じニュアンスで使えます。例文を見てみましょう。

　　(21)　お金があっ<u>たら</u>、日本に行くんですが……
　　(22)　お金があれ<u>ば</u>、日本に行くんですが……

　話者が話している時点（＝現在）ではお金がなく、「もしあったら」という意味で仮定法が使われています。これは英語でいうところの「仮定法過去」の用法です。"if" の文を過去形にして、主文の動詞に "would" をつけるというあれですね。例文(21)と(22)を英訳すると次のようになります。

　　(23)　If I **had** money (now), I **would go** to Japan……

　英語には『仮定法過去完了』というのもあります。**過去のある時点でお金がなかったのに**「もしその時あったら」という意味の仮定法で、"if" の文を過去完了形にして、主文の動詞に『would have＋過去分詞』をつけるものです。

　　(24)　If I **had had** money (then), I **would have gone** to Japan……

日本語なら、(24)の文章も 主文の時制を過去形にするだけですみます。

(25) （あの時）お金があったら、日本に行ったんですが...

(26) （あの時）お金があれば、日本に行ったんですが...

このように日本語では、仮定文内の時制は変えなくてもいいわけです。

このタイプの『たら』と『ば』はどちらを使っても大差はありませんが、前のセクションでもお話ししたように、『ば』には話者の「希望・意図」が含まれるので、『ば』の方が話者の心情が強調されるといっていいでしょう。

8-3-1-4　話者の推測に基づく仮定文

「話者の推測に基づく」なんて回りくどい言い方ですが、要するに、「私（＝話者）が思っていることが本当だという前提で」という文が "if" 文に当てはまる場合です。この仮定法には、『なら』のみが適用します。

(27) 彼が来る（の）<u>なら</u>、僕は帰るよ！

(28) 千円<u>なら</u>、買うけど……

例文(27)では「彼が来る」のが**本当**だという前提条件において話者は帰ると言っているのですし、(28)の文では「その品物が千円である」というのが**本当**だという前提条件において話者はその品物を買うと言っているわけです。

このタイプの仮定文を理解するためのキーワードは『本当に』です。この言葉を文中に入れて意味がスンナリ通れば、『なら』が使えるというわけです。ちなみに上の二つの文とも『本当に』を入れても問題ない、いやむしろ入れたほうが自然に聞こえるでしょう。『なら』構文を教える際、私はこの『本当に』というキーワードを連発して、学生にも『本当に』を付け加えさせるようにしています。

ここで『なら』に関しての注意点を二つあげておきます。「千円なら、買うけど……」のように、『なら』につくのが**名詞**の場合、辞書形ではなく純粋な名詞が現れるということがまず第一点。注5　そして、『なら』につくのが

注5「千円であるなら、買うけど」のようには言えますが、口語では少々硬いですよね。

動詞・形容詞の場合は、述語に『の』が付け加えられることが多いということが第二点です。述語につく『の』に関しては第9章で詳しくお話しするので詳細は避けますが、『の』には話者の心理状況を浮き彫りにする機能があります。『なら』の機能である『話者の推測』というのは話者の心理状況を表すわけですから、『の』が接続するのも納得がいくと思います。

『なら』というのは「話者の推測が正しいか否か」を表す仮定法ですから、自分のことを話す場合には『なら』は使えません。自分についての推測が正しいかそうでないかということは判断できないからです。次の例文(29)がおかしく聞こえるのもこの理由によります。

(29)　×私が日本語を本当にマスターしたいのなら、日本に行かないと！

(30)　　君が日本語を本当にマスターしたいのなら、日本に行かないと！

(29)に見られる『なら』の用法の間違いは、よく作文添削で目にします。『なら』イコール **"if"** という単純な直訳が間違いの原因になっているのです。

さて、このような分析方法で『仮定法』をまとめてみますと、重複部分はあるにせよ、各用法ごとに次のような性格づけができます。

> と：条件文（ただし帰結文は話者の意志の及ばないできごとに限る）
> たら：条件文　および　事実に反する仮定文
> ば：条件文　および　事実に反する仮定文
> なら：話者の推測に基づく仮定文

いままとめたものを、次のようにカテゴリー分けしてもいいでしょう。

> 条件文A（話者の意志の及ばないできごとが帰結文に含まれる場合）
> 　⇨　『と』を使う
> 条件文B（上記以外の条件文）
> 　⇨　『たら』または『ば』を使う
> 話者の推測に基づく仮定文
> 　⇨　『なら』を使う

いまのチャートを見てもわかるように、『と』と『なら』はそれぞれ独特の

意味・機能を持つ、つまりなわばりがはっきりしているのに対し、『たら』と『ば』はその守備範囲がかなり広いのです。しかし、『たら』と『ば』にもそれぞれニュアンスの違いはありました。『たら』は『A ⇨ B』という流れを強調しているのに対し、『ば』は話者の希望や考えを含んでいるということです。

　『たら』、『と』、『ば』、『なら』にはそれぞれデリケートな特徴がありますが、贅肉を削ぎ落として三つのカテゴリーに絞りこむことができました。学生にとってみれば、一つ一つの "if" の説明を理解しようとするより、このようにカテゴリー分けをして覚えた方がよっぽど楽なのは確かです。また、こういったカテゴリー分けにより、どうして日本語には仮定文が四つもあるのかということもわかってもらえることと思います。

8-3-2　落とし穴その2：様態・推量の助動詞

　物や人の様態を描写する、またはその様態から何かを推量・判断するのに、日本語では『そう』、『よう』、『らしい』といった助動詞を使います。この三つには用法的に似たところはありますが、微妙な違いがあります。まずは各用法の例文を見てみましょう。

　　(31)　あの服は<u>高そう</u>だ。
　　(32)　あの服は<u>高いよう</u>だ。
　　(33)　あの服は<u>高いらしい</u>。

　英語では、例文(31)の「高そう」も例文(32)の「高いよう」も "looks" という様態の動詞を使って、"That dress looks expensive." と言うことができます。例文(33)の『らしい』の文は、ほかの二つと少し毛色が違いますが、話者の推量が含まれている点は他の二つと似ていますね。ここでは各用法の使い分けをどのようにするか、考えていくことにしましょう。

8-3-2-1　ビジュアルな『そう』

　『そう』はひとことで言えば話者の『視覚』に基づいた様態・推量の助動

詞です。たとえば、ショーウインドー越しに時計を見て「わあ、高そう！」と言うのは、視覚情報に基づいた話者の推量であるわけです。また、「今晩のパーティ、楽しそうだね」といった文などでは、実際に、そのパーティを見ているわけではありませんが、その光景を思い浮かべているという点では視覚的です。この助動詞には述部の『語幹』が接続します。たとえば「おもしろそう」とか「雨が降りそう」のように。注6

　動詞が『そう』につく場合は、「話者の意志の及ばない」動詞に限られ、「近い未来に○×が起ころうとしている」という話者の推量が表されることになります。たとえば、上で述べた「雨が降りそう」や、たとえは悪いですが「うっ、吐きそう！」とか「死にそうだあ！」などもすべて話者の意志の及ばないことばかりですね。この場合は、必ずしも視覚情報に基づくわけではないので注意が必要です。

　これまでにも、文法事項を教える際になんらかのキーワードを添えることを勧めてきましたが、『そう』を教える際のキーワードは、形容詞がつく場合は『外見』、そして動詞がつく場合は『何かが起こる予感』とでも言ったらいいでしょうか。

　また『そう』は、名詞を修飾する形容詞的用法の場合は「おいしそうなアイスクリーム」のように『そうな』として、述語を修飾する副詞的用法の場合は「おいしそうに食べている」のように『そうに』に変化します。これら形容詞的・副詞的用法は述語的用法の『そう』の概念が十分定着してから導入するといいでしょう。

8-3-2-2　間接情報をもとにした『よう』

　『よう』は、話者に与えられた『間接的な情報』をもとに推測をする場合の助動詞です。たとえば、『そう』の場合ですと、ショーウインドー越しに時計を見ただけで「あの時計は高そうだ」という推測ができますが、『よう』

注6「おもしろいそうだ」や「雨が降るそうだ」のように辞書形がつく『そう』は『伝聞の助動詞』で、いまお話ししているものとは違いますので注意しましょう。

の場合は**間接的な情報**、たとえば【その時計をしているのはお金持ちばかり
だ】とか【その時計はディスカウントショップには売っていない】などの情
報をもとに、話者が「あの時計は**高いようだ**」と推測・判断するわけです。

　『**よう**』にはいまお話しした用法のほかに「何かにたとえる」という機能
もあります。次の例を見てください。

　　　(34)　それにしても君の部屋は汚いねえ！　台風が<u>来たよう</u>だよ。

　この用法を定着させるには『**まるで**』という強調の副詞をキーワードとし
て使い、『**よう**』とセットで学生に使わせると効果があります。たとえば、
上の例文(34)を「**まるで**台風が**来たよう**だよ」のように言わせるのです。

　また、『**よう**』の形容詞的用法である『**ような**』、副詞的用法の『**ように**』
も重要な表現ですから、通常の『**よう（だ）**』が浸透したら導入するといい
でしょう。修飾用法の『**ような**』と『**ように**』には「たとえ」の機能しかあ
りませんので、比較的簡単に導入できます。この場合も次の例のように『**ま
るで**』をキーワードとして使うと効果的です。

　　　(35)　顔が赤いですね。<u>まるで</u>　<u>酒を飲んだような</u>顔をしていますよ。
　　　(36)　スミスさんは<u>まるで</u>　<u>日本人のように</u>日本語を話します。

　『**よう**』の用法と似たものに『**みたい**』があります。似ているどころか、
『**よう**』が使えるところでは、ほとんど問題なく『**みたい**』も使えます。た
だし、『**みたい**』は『**ようだ**』よりもかなりくだけた感じに聞こえますし、
実際、くだけた会話では『**みたい**』を使うことのほうが多いですね。しかし、
目上に話す時のように、かしこまった話し方や、また書き言葉では『**みたい**』
はあまり見うけません。『**よう**』と『**みたい**』のどちらを強調するかは、皆
さんが教えている会話がフォーマルなスタイルに重点を置いているのか、く
だけたスタイルに重点を置いているのかによるということです。

8-3-2-3　無責任な『らしい』

　『**らしい**』は間接的な情報によって話者が推測・判断をするという点で

『よう』に似ています。しかし、その間接的な情報の「質」において両者の間には大きな違いがあります。次の例文を見てください。

(37)　田中さんは佐藤さんが<u>嫌いな</u>ようだ。

(38)　田中さんは佐藤さんが<u>嫌い</u>らしい。

『よう』を含んだ例文(37)では、話者が持っている情報は**話者自身が収集**したもので、その情報により「田中さんが佐藤さんを嫌っている」という推測をしています。一方、『らしい』を含んだ例文(38)では、話者が持っている情報は話者が**第三者**から**聞く**なりして**得た**もので、それをもとに「田中さんが佐藤さんを嫌っている」という推測をしているわけです。ここで、『よう』、『らしい』を簡単にまとめてみましょう。

> 『よう』　　：話者自身が収集・分析した情報
> 『らしい』：第三者から得た情報 **注7**

これまでに何度も言っていますが、こういった概念を教える際に効果的なのは、各用法を端的に特徴づける『キーワード』です。たとえば、「『よう』に比べて、『らしい』は**無責任な**推測・判断ですよ」と学生に教えるだけでもこの二つの用法の違いはわかってもらえます。

『らしい』には、いま見たのとは別におもしろい用法があります。それは**名詞**に接続した場合の意味解釈です。まずは例文を三つばかり見てください。

(39)　彼女は<u>女らしい</u>人だね！

(40)　<u>学生らしく</u>勉強しなさい！

(41)　あの子は<u>子供らしく</u>ないね！

注7「第三者から得た情報」という意味では『らしい』は伝聞の『そう』に似ています。しかし、伝聞の『そう』は「読者が聞いたことを**報告する**」のがその機能なのに対し、『らしい』には「伝聞をもとに話者が**推測する**」という意味が含まれている点が大きな違いです。
　a. 田中さんは佐藤さんが<u>嫌いだそう</u>だ。【伝聞】
　b. 田中さんは佐藤さんが<u>嫌いらしい</u>。　【推測】

　この場合の『らしい』は、その名詞が持つイメージにふさわしいものに言及する場合に使われます。「イメージにふさわしい」、つまり「その名詞が持つ典型的な特徴」とでも言いましょうか。

　たとえば、「女」という名詞が持つイメージは個人差はあるでしょうが、日本文化では一般に「しとやか」とか、そういったものだと思います。例文(39)で「彼女は女らしい人だね」というのは、つまり彼女の挙動が「女」という言葉の持つ典型的イメージに合っているということです。

　例文(40)ですが、「学生」を学生たらしめているものは「勉強する」ということですから、「学生らしく勉強しなさい！」となるわけです。

　また例文(41)の「子供」という言葉の持つ典型的なイメージは「活発でよく遊ぶ」とかそういったことでしょうから、「あの子は子供らしくない！」というのは、そういったイメージにそぐわない何かを、その子供がしているということです。たとえば、話し方が子供のくせに妙にマセているとか、縁側で渋いお茶をすすっているとか……

　この用法を外国人学生に教える時には注意が必要です。言葉が持つイメージというのは文化ごとに違います。私は先ほど「女」という言葉が持つイメージは「しとやか」などと言いましたが、学生の文化背景によっては、ややもすれば「どうして女性はしとやかでないといけないの？」などと問い詰められかねません。

　この意味で『らしい』の導入には気を使うのですが、ある意味では「言葉には常にその言葉が属す文化の味付けがなされている」という『言葉と文化』の相関関係を学生に教えるための生きた教材ともいえます。ただ、繰り返しになりますが、外国で教えている方はその国の文化的土壌を考えた上で導入した方が、いらぬ誤解を招かずにすむでしょう。

　さて、以上、三つの『推量・様態の助動詞』を見てきたわけですが、『そう』、『よう』、『らしい』とも、用法が類似している点が多いことがわかりました。『そう』と『よう』では、「あの時計は高そうだ」と「あの時計は高いようだ」の例文からもわかるように、『そう』が視覚情報のみによる推量であるのに対し、『よう』は間接的な情報から話者が判断する推量という違いがありました。また、『よう』と『らしい』は「田中さんは佐藤さんが嫌い

なようだ」と「田中さんは佐藤さんが嫌いらしい」の例文からもわかるように、『よう』が話者自身が収集した情報による推量であるのに対し、『らしい』は第三者から見聞きした情報から話者が判断する推量であるという違いがありましたね。これら三つの助動詞の用法を整理すると次のようになります。

どちらにも関わっているのが『よう』で、この助動詞の守備範囲の広さを示しています。これはまた、『よう』の導入の扱いにくさをも意味しています。また『そう』と『らしい』が離れているのは、お互いに用法上の共通点が少ないことを示しています。このセクションの冒頭で見た例文「あの服は高そうだ」と「あの服は高いらしい」の間に意味的ギャップが大きかったのも、これまでの説明ならびに上の図をごらんになれば明らかだと思います。

教師に求められているのは、『推量・様態の助動詞』の一つ一つの文法的特徴をまず正確に把握し、それぞれの用法をキーワードなどを用いて学生に提示し、正しい助動詞を選べるような環境を作っていくことです。そうすれば、直訳的、またはあてずっぽうで『推量・様態の助動詞』を使うということも減っていくでしょう。

8-3-3　落とし穴その3：文接続詞

直訳学習の落とし穴の実例三番目として、このセクションでは文接続詞について見ていきます。接続詞といってもいろいろありますが、ここでは従属節を導入する『から』のような接続詞ではなく、二つの節が同等の場合の接続詞、つまり等位接続詞、『〜て』、『〜たり』、『〜し』に焦点をしぼります。

8-3-3-1　『〜て』による文の接続

西欧語では、等位接続詞は品詞を問わずたいてい一語で間に合います。スペイン語なら "y" というオールマイティな等位接続詞が使われますし、英語

ではご存じ "and" が使われますね。以下の例文をごらんになればわかるように、"and" は名詞でも形容詞でも動詞でも、さらには文をも接続できます。

(42)　a. [John] **and** [Mary] came.　　　　　　　【名詞接続】

　　　b. He is [tall] **and** [slim].　　　　　　　【形容詞接続】

　　　c. I [ate breakfast] **and** [watched TV].　　　【動詞句接続】

　　　d. [John went fishing] **and** [Mary went shopping].　【文接続】

　外国人学習者（とくに母語が西欧語の学習者）の中には、日本語の等位接続詞も同じことだろうと思いこみ、はじめに習った名詞接続詞の『と』を使って、次のような誤った文を作ってしまいます。

(43)　私は朝ご飯を食べました**と**テレビを見ました。

　こういった間違いを避けるためにも、日本語の文の接続は、目的により使う接続詞が変わってくるのだ、ということを理解してもらわなければなりません。

　文を接続するにあたって、最も「アクのない」接続詞はおそらく『〜て』でしょう。まずはいくつか例文をごらんください。

(44)　a. **名詞述部を持つ文の接続**

　　　　田中さんは**45歳で**医者です。

　　　b. **形容詞述部を持つ文の接続**

　　　　あの店のカツ丼は**安くて**うまい！

　　　c. **動詞述部を持つ文の接続**

　　　　佐藤さんは**東京に住んでいて**病院に勤務している。

　述部が名詞、または形容詞の場合、『〜て』で接続する文は順不同でもかまいません。例文(44a)と(44b)で確認して見ましょう。

(44a′)　田中さんは**医者で**45歳です。

(44b′)　あの店のカツ丼は**うまくて**安い！

　双方とも基本的な意味は変わっていませんね。しかし述部が動詞の場合、

話はそう単純ではありません。

(45)　a. 佐藤さんは<u>東京に住ん</u>でいて病院に勤務している。
　　　b. 佐藤さんは<u>病院に勤務し</u>ていて東京に住んでいる。
(46)　a. 私は<u>歯を磨い</u>て新聞を読んだ。
　　　b. 私は<u>新聞を読ん</u>で歯を磨いた。

　例文(45a)と(45b)では、文をひっくり返しても意味は変わっていませんが、例文(46a)と(46b)では解釈の上で大きな違いがあります。例文(46a)のできごとの順序は「①歯を磨く、②新聞を読む」であるのに対し、例文(46b)の方の順序は「①新聞を読む、②歯を磨く」です。例文(45)と(46)の違いは、動詞の種類によるものなのです。

　例文(45)に見られる「住んでいる」、「勤務している」、また「結婚している」、「住んでいる」などの動詞は『状態動詞』と呼ばれます。状態動詞の述語を『～て』で接続すると、中立的な文接続になります。ちなみに、形容詞述語も名詞述語も分類上は『状態述語』ですから、順序が変わっても意味は変わらないことも上の(44a′)と(44b′)で確認してください。

　状態動詞の対極にあるのが「走る」、「食べる」、「書く」などの『動作動詞』です。例文(46)の「歯を磨く」、「新聞を読む」も動作動詞です。これら動作動詞を含んだ文を『～て』で接続すると、単に文の接続だけではなく、できごとが起こった**時間的順序**まで示してしまうのです。つまり、『～て』は基本的には、純粋に文をつなげる接続詞ではあるけれども、述語に動作動詞を含んだ場合は『時間的順序』も示すということになります。

8-3-3-2　『～たり』による文の接続

　次は『～たり』です。これはどんな接続詞なのでしょうか？　まずは例文を見てみましょう。

(47)　週末はテレビを見<u>たり</u>、買い物をし<u>たり</u>、部屋を掃除し<u>たり</u>します。

この構文は『～たり～たり**する**』のように、最後は『する』で文が終わる

ことが多いので、『たり』と『する』はセットで導入しましょう。

　さて、例文(47)を見てもわかるように、『〜たり』で接続した文の間には『〜て』で見たような『時間的順序』のような関係はありません。この接続詞の役割はできごとをアトランダムに列挙することなのです。いまの例文では「テレビを見る」、「買い物をする」、そして「部屋を掃除する」という三つのできごとがアトランダムに並べられていました。この場合、話者は「この三つだけは言わなくては！」という思いで話しているわけではありません。むしろ「週末にすることはいろいろあるけど、強いてあげるならXとYとZかな」というような気持ちです。

　このことから言えることは、『〜たり』というのは頭の中にあるリストからいくつかのできごとを代表として抽出する、つまりサンプルとして取り出す機能を持っているということです。『〜たり』にキーワードを与えるとすれば、『アトランダム列挙・リストからのサンプル取り出し』とでもなるでしょうか。

　『〜たり』導入の際は、このキーワードを念頭において、「週末は何をしましたか」とか「日本語の授業ではどんなことをしますか」などという質問をし、学生の頭にあるリストからアトランダムに答を列挙させる演習をするのが習得効果があります。

8-3-3-3 　『〜し』による文の接続

　もう一つの接続詞、『〜し』は『〜たり』に似て、できごとの列挙という機能があります。しかし『〜し』にはちょっと変わった機能があるのです。まずは次の二つの例文をごらんください。

　　(48)　あの先生は宿題を山と出すし、試験はきついし、僕は嫌いだ！
　　(49)　男性：（デートの誘い）今日、仕事のあとで食事でもどう？
　　　　　女性：え、あのう、今日はちょっと風邪気味だし、明日は朝が
　　　　　　　　早いし、ちょっと……

　いまの二つの例文を見ると、『〜し』が列挙するのは単に漠然としたでき

ごとではなく、話者が用意した『理由』だということがわかります。ためしに、どちらの例文も二つ目の『し』を『から』に代えても意味は通ります。

(48′)　あの先生は宿題を山と出すし、試験はきつい<u>から</u>、僕は嫌いだな！

(49′)　女性：え、あのう、今日はちょっと風邪気味だし、明日は朝が
　　　　　　　早い<u>から</u>、ちょっと……

　『〜し』の導入には、『理由の列挙』とか『言い訳』などのキーワードを学生に与え、学生に何らかの理由を考えさせるような演習を準備する必要があります。たとえば、「どうして授業に遅れてきたんですか？」とか「どうして試験ができなかったの？」といった質問に対する『言い訳』を学生に考えさせるのも一考ですし、先ほどの例文のようにデートの申し入れを断る理由をあれこれ考えさせるのもいいでしょう。
　ところで、これまで見てきた三つの接続詞のほかに、『連用形』による接続というのもあります。連用形とは、動詞の場合『ます形』から『ます』を取った形、そして形容詞の場合は『〜く』で終わる形です。注8 連用形による文の接続は次にあげるようなものです。

(50)　よく<u>学び</u>、よく遊ぶ。

(51)　空は<u>青く</u>、雲一つない。

　この用法は、ほとんどの場合、文語的といってもよく、普通の会話ではあまり用いられません。よって初・中級の会話の授業では導入の必要はないかもしれませんが、読みの練習が入ってきますと、多くの読解教材で、この連用形を使った文の接続を目にしますので、注意が必要です。
　西欧語の等位接続詞が論理記号のようにきちっと文をつなぐ役目だけを持っているのに対し、日本語の等位接続詞はそれぞれに微妙な味付けがしてあることがわかりました。学習者には日本語の等位接続詞が無味乾燥な論理記号ではなく、細かいニュアンスを伴っているのだということを知ってもらわ

注8 形容動詞・名詞の連用形は少々複雑で、『〜に』と『〜で』の二つがあるのです。副詞的に使うのなら「静かに」のように『〜に』を、文接続なら「静かで」のように『〜で』を使うというわけです。ちなみにこの『〜で』は第2章でお話しした『〜て形』のことです。

なければなりません。そうしないと、学生は機械的にどれか一つの接続詞を使ってしまい、その結果、日本語らしくない文を作ってしまうことでしょう。まさに直訳式学習法の落とし穴がこんなところにあるわけです。

8-3-4　落とし穴その4：名詞接続詞

　日本語を習い始めて、最初に習う名詞接続詞は、おそらく『と』だと思います。このほかにも、名詞接続詞には『や』と『も』がありますね。

　先にもお話ししたように、英語の "and" は純粋に論理記号として文を接続する機能を持っているのに対し、日本語の文接続詞はそれぞれ何らかの付加機能を持っていました。これと同じことは名詞接続詞にもいえます。

　『と』を使って名詞を列挙した場合、列挙したもの以外には何もない、というニュアンスが出てきます。次の文で確認してください。

　　(52)　パーティには田中さんと山田さんが来ました。

　パーティに来た人は他にも大勢いるのでしょうが、話者が知っている限りで、やって来た人物は「田中さん」と「山田さん」だけだというニュアンスです。

　それでは、『や』はどうでしょうか？　例文(52)を『や』に代えてみます。

　　(53)　パーティには田中さんや山田さんが来ました。

　この(53)では、「田中さん」と「山田さん」以外にも話者が知っている人がパーティに来たことがうかがえます。このことから、『や』とは、数ある候補の中から代表となるものを列挙する機能がある、ということがわかります。

　最後に『も』の機能を見てみましょう。例文をごらんください。

　　(54)　パーティには田中さんも山田さんも来ました。

　例文(54)の意図するところは何でしょうか？　『や』のように、パーティに来た人がすでに話者の頭にあり、そこから「田中さん」と「山田さん」を

抽出・列挙しているのではないことは明らかです。むしろそれとは反対に、「話者が記憶をたどるようにパーティに来た人を思い浮かべていく」というニュアンスです。

　この点を別の例ではっきりさせましょう。まず、あなたが路上で見知らぬ人に公衆電話がどこにあるか聞かれたシーンを想像してください。

(55)　Q：すみません、このへんに公衆電話はありませんか？
　　　A：(a)電話なら、公園<u>と</u>コンビニ<u>と</u>図書館にありますよ。
　　　　　(b)電話なら、公園<u>や</u>コンビニ<u>や</u>図書館にありますよ。
　　　　　(c)電話なら、公園<u>にも</u>コンビニ<u>にも</u>図書館<u>にも</u>ありますよ。

　『と』を使った(a)のケースですと、あなたが知っている公衆電話の場所、または少なくともこの場面で話題にしたい公衆電話の場所は「公園」、「コンビニ」、そして「図書館」だけということになります。(b)における『や』の場合は、教えてあげたい公衆電話の場所はいろいろあるが、とりあえずはこの三か所にしておこうという意図があります。そして、(c)の『(に)も』になりますと、話者の頭に浮かんだのはまず「公園」であり、その次に「コンビニ」、そして「あ、そうそう図書館にもあったな！」というニュアンスです。

　『と』の用法は簡単ですが、『や』と『も』は学生には少々とっつきにくいと思います。なんといっても、直訳的に“and”で考えただけでは、いま見たような微妙なニュアンスが伝わらないのですから。

　『や』と『も』における話者の心理状態を簡単に図示すると、次のようになります。

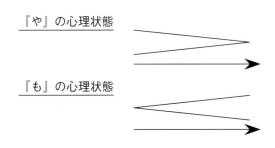

『や』の心理状態

『も』の心理状態

　頭の中にあるいくつかの候補から代表、またはサンプルを取り出しているのが『や』です。候補数は有限で、取り出すにつれてその数は減っていきますから、『や』による名詞の出し方は「尻すぼみ型」といえます。一方、話者の頭に浮かんだものをあとからあとから出していくのが『も』です。記憶の続くかぎり名詞の取り出しは可能なわけですから、『も』による名詞の出し方は「末広がり型」といえるでしょう。

　この『や』と『も』、「取り出しの方向性」において『〜たり』と『〜し』に似ていると思いませんか。『〜たり』は『や』と同じく、できごとの説明・羅列を「尻すぼみ的」に行っているのに対し、『〜し』は『も』同様、「末広がり的」にできごとを思いつくままに取り出しているのです。

　こういった相似性も、文法概念の説明がしっかりできてさえいれば、学生はすんなり理解できるのです。言語というのはクモの巣のようにいろいろな情報が張りめぐらされた緻密なシステムですから、こういった相関関係がわかると、それが言語システムのよりよい理解につながっていくわけです。

　さて、この章では語彙レベル、そして構文レベルで直訳的に言語を習得しようとする危険性を見てきました。私たち大人は、第二言語を習得する際、自分の母語の呪縛から完全に抜け出ることはできません。しかし、母語の呪縛を最小限にし、習得すべき言葉の内面を見つめていくように意識改革をすることは決して不可能ではありませんし、またそうすべきだと思います。そのためにも語学教師は、自分達がこれまでネイティブ・スピーカーとして考える必要のなかった言葉の内面に目を向け、言語を分析し、いかにしたら学生の言語意識改革の手助けができるかに工夫をこらす必要があるのではないでしょうか。

《第9章》
どうして文を名詞化するのか？

この章のポイント

・『こと／の』は文を包みこみ、名詞にしてしまうことができる重要な
　マーカーである。
・文を名詞化することにより、名詞が現れるところならどこにでも置く
　ことができる。
・文末の『〜んです』は名詞化の『の』から派生したもので、感情共有
　に用いられる。

9-1　文の名詞化はどうして必要か？

　学生が日本語に慣れてくるにしたがって、より複雑なレベルの日本語を教
えることが私たち教師に要求されてくるわけですが、「より複雑なレベルの
日本語」といっても、なにもむずかしい単語や構文を導入するということに
限りません。構造自体は単純でも、それが奥深く複雑なレベルにつながって
いく概念もあるのです。ここではそんなお話をしていきたいと思います。

　まずは、下の(1)に見られる単純な文を少しでも複雑な文にすることから
考えてみましょう。

(1)　私は音楽を聞きました。
　　a. 私は<u>アメリカの</u>音楽を聞きました。
　　b. 私は<u>美しい</u>音楽を聞きました。
　　c. 私は<u>静かな</u>音楽を聞きました。
　　d. 私は<u>アメリカで人気がある</u>音楽を聞きました。

　それぞれ単純な文ですが、(a)名詞（「アメリカ」）による修飾、(b)形容詞
（「美しい」）による修飾、(c)形容動詞（「静かな」）による修飾というように、
もとの文がほんの少し複雑になっています。また、(d)では『関係節』、つま

り文で名詞が修飾されており、ほかのタイプよりさらに複雑です。

　普通名詞の基本的機能はモノを指すことですが、名詞自体が持つ意味があいまいな場合がけっこうあります。次の文を見てください。

 (2)　**音楽**が趣味です。

　この「音楽」という名詞は何を意味しているのでしょうか？　「音楽を聞くこと」でしょうか、それとも「楽器を演奏すること」でしょうか？　もしかしたらその両方かもしれません。

　しかし、この文自体からはそういった細かい情報は汲み取ることができないのです。

　日常の会話では、こういった不明瞭な点をはっきりさせなくてはならないことが頻繁にあります。たとえば、「音楽」のような普通名詞を文中に置くだけでは言いたいことがはっきり伝わらないため、次のように言い直すこともあるでしょう。

 (3)　**音楽を聞く**のが趣味です。
 (4)　**音楽を演奏する**ことが趣味です。

　いまの例文の「音楽を聞く」、「音楽を演奏する」という部分はれっきとした『文』です。このように名詞の代わりに、文を置くことによって全体の内容を複雑かつ詳細にしているわけです。「音楽を聞く」、「音楽を演奏する」という文が現れている位置は、本来は、「趣味です」の主語名詞が現れる位置です。

　その証拠に名詞にしかつかない主格の『が』が【音楽を聞く】、【音楽を演奏する】という文についていますね。この位置に文を置くのなら文を名詞にしなくてはなりません。

　このプロセスを『文の名詞化』と呼びましょう。上の例文(3)と(4)を見てもわかるように、『文の名詞化』には『の』または『こと』が大きな役割をはたしています。しかし『の』、『こと』それ自体には辞書的意味はありません。あるのは文を名詞化するという機能だけです。この機能を図で示すと次のようになります。

①普通名詞

【音楽_{名詞}】が趣味です。

②文の名詞化

【音楽を聞く_文】の_{名詞}】が趣味です。

【音楽を演奏する_文】こと_{名詞}】が趣味です。

　このように図示すると、【音楽を聞く】、【音楽を演奏する】という文が『の』という『形式名詞』によってすっぽり覆われていることがはっきりします。

　第4章でもお話ししたように、日本語は『主要部』が句の後ろに現れる言語です。

　たとえば【X Y】という構成要素なら、その構成要素の文法機能を決定する主要部はYであるというのが日本語の特徴です。【音楽を聞くの】、また【音楽を演奏すること】という構成要素の主要部も次のようになります。

　【<u>音楽を聞く</u>_文】の_{名詞}】
　　　　　X　　　　　Y(主要部)

　【<u>音楽を演奏する</u>_文】こと_{名詞}】
　　　　　X　　　　　　Y(主要部)

　「主要部が後ろに現れる」という規則にのっとり、【の_{名詞}】、【こと_{名詞}】が句全体の文法機能、つまり「名詞であること」を決定しているわけです。

　こう見てみると<u>文の名詞化</u>の『の』、『こと』というのは、結局のところ、この章の冒頭、例文(1d)で見た関係節と類似していることがわかります。

　【<u>アメリカで人気がある</u>_文】音楽_{名詞}】
　　　　　X　　　　　　Y(主要部)

　いや、似ているどころか、「名詞が文をくくる」という機能においては、『文の名詞化』構造は完全に関係節の一形態なのです。名詞化の『の』が通常の関係節と違う唯一の点は、『の』それ自体は辞書的意味を持たない『形式名詞』だということです。

9-2 『こと』と『の』はまったく同じ？

　以上、『形式名詞』には『こと』と『の』があることを簡単に見てきました。これら二つの機能はほぼ同じといってもいいでしょう。しかし、第8章でもお話ししたように、言語にはまったく同じ意味・機能を有する二つの言葉は存在しないわけですから、『の』と『こと』にしても何らかの違いがあるはずです。ここでは日本語を教えるにあたり重要となってくる二つの形式名詞の決定的違いを見ていくことにしましょう。

　「音楽を聞くこと／のが趣味です」のように、『こと』と『の』のどちらを使ってもいいケースが多いのですが、なかにはどちらか一方しか使えないケースもあります。学生にはまずこういった限定用法から教え、「その他の場合は基本的にはどちらを使ってもいい」というふうに教えるのが合理的です。また、『こと』と『の』のどちらを使ってもいい場合でも、微妙なニュアンスの違いがありますので、この点についても触れることにします。

9-2-1 『こと』しか使えない場合

　『こと』しか使えないのは、『XはYです』の構文で、Yの部分に名詞化された文を入れる場合です。しかし一口に『XはYです』の構文といってもいろいろありますので、レッスンプランを考える際、『Y』のところに文が入りやすい演習を考えなければなりません。

　初期の導入で扱いやすいのは『私の趣味は○×です』という構文です。このパターンは自己紹介などの演習でよく使われますし、だいいち「自己紹介」自体が初級レベルでも楽に導入できる演習ですから、なおさら好都合です。まず最初に「趣味は何ですか？」という質問にシンプルな普通名詞の答を入れるという練習でパターンを定着させていきます。

　　(5)　Q：趣味は何ですか？
　　　　　A：趣味は【｜音楽、映画、テニス、料理、etc.｜ 名詞】です。

　簡単なパターンですから導入も楽ですし、また自己紹介の練習なので、こ

こであげた名詞のほかにも学生からいろいろな答が引き出せるでしょう。

　まず、学生の答から得たこれらの普通名詞を黒板に書き並べていきます。この時、「私の趣味は○×です」の○×のところ、たとえば「私の趣味はテニスです」の文なら【テニス】部分に下線を引き、この部分は『名詞』だということに学生の注意を向けさせます。

　このあと、テニスを観戦している絵やテニスをしている絵を見せ、下線を引いた【テニス】のところに【テニスを見る】、【テニスをする】などの文を置いていくのです。その際、以下の二点を強調します。

---

　①　述部は辞書形にする。
　②　文を名詞にするため『こと』をつける。

　このように視覚教材を用い、単純な名詞から『名詞化した文』に移行することによって、この構文の概念をすんなりと学ぶことができるわけです。

　私の場合、学生はアメリカ人なので、形式名詞のことを "dummy noun"（＝『見かけだけの名詞』）という英語の『キーワード』で呼ぶことにしています。文法概念の定着に『キーワード』を使うことのメリットは、これまで何度かお話ししているので、いまさらくりかえすまでもないでしょう。

9-2-2　『の』しか使えない場合

　『の』しか使えない構文で主要なものは二つあります。まずは最初のタイプの例文を見てみましょう。

　(6)　田中さんは何を食べたんですか？

　(7)　田中さんはどうして日本に帰ったんですか？

　これらは一般的な疑問文ですが、日本語では疑問詞を文の後ろに持ってくることによって、疑問詞を強調することができます。

　(6′)　【田中さんが食べた<u>の</u>】は何ですか？

　(7′)　【田中さんが日本に帰った<u>の</u>】はどうしてですか？

　例文(6′)と(7′)から明らかなように、疑問詞以外の文が『主題』の位置に移動しています。『主題』の位置には前置詞句を除けば基本的には名詞しか現れませんから、これら移動した文も『の』によって名詞化しなければならないわけです。

　例文(6′)と(7′)の『の』は形式名詞とはいえ、割とはっきりした意味があることに注目してください。たとえば「田中さんが食べた**の**」の『の』は「もの」を指しているし、「田中さんが日本に帰った**の**」の『の』は「理由」を指しています。英語文法でいうところの関係代名詞の "what" や関係副詞の "why" と同じ役目を果たしているのが『の』というわけです。

　『の』しか使えないもう一つのケースは知覚動詞が主文の述語に現れる場合です。知覚動詞とは「見る／見える」、「聞く／聞こえる」、「〜を耳にする」などの動詞のことです。次の例文の『の』の部分は『こと』では置き換えられないことを確認してください。

　　(8)　私はA君がカンニングをしている**の**をこの目で見た！
　　(9)　この窓から日が沈む**の**がよく見える。
　　(10)　私はA君が先生に告げ口している**の**を耳にした。
　　(11)　遠くで犬がないている**の**が聞こえる。

　ここまで見てきてわかるように、『こと』、『の』どちらか一方しか使えないケースというのは意外と少ないのです。学生にはまずこういった限定的用法を覚えてもらい、『文の名詞化』に慣れてもらえばいいと思います。

9-2-3　『こと』、『の』どちらでもいい場合の　　　　ニュアンスの違い

　上であげたケース以外では、『こと』と『の』、どちらを使ってもいい場合がほとんどです。つまり、ここまで見てきた限定用法をまずしっかり教えてしまえば、「それ以外はどちらを使ってもいい」と学生に言えますし、これにより学生の心理的負担も軽減します。

　しかし「どちらでもいい」とはいうものの、『こと』と『の』には微妙な

ニュアンスの違いがあるはずですし、事実私たちは無意識にこれらを使い分けているわけです。上級レベルの学習者に自然な日本語を身につけてもらうためにも、私たちはこういった微妙なニュアンスの違いも説明できるように心がけておくべきでしょう。

　それではまず、『こと』、『の』どちらでも使える例文を見てみましょう。

> (12)　フランス語をマスターする {こと／の} はむずかしい。
>
> (13)　スミスさんがアメリカに帰った {こと／の} を知っていますか？

　これらの例文を見てまず感じるのは、『こと』が使われている文は『の』の文にくらべてどこか硬い、または少し突きはなした感じを与えるということです。『こと』と『の』の違いを意味論的・語用論的に話していけば際限がありませんし、たとえ膨大な説明を学生に与えても混乱させるだけで、メリットはありません。むしろ「『こと』は『の』にくらべて硬い」といった日本人の直観的ニュアンスをうまく説明するほうが、学習者にとってより効果的なのです。

　『こと』が硬いイメージ、またはどこか**突きはなした感じを与える**というのは、裏返して考えれば、『の』は柔らかいイメージを持ち、そして**物事を引き寄せる感じを与える**ということです。そうです、これがまさに『の』の意味的機能なのです。端的に言ってしまえば、『の』はそれに接続するフレーズを『話者の世界に取り込む』機能があるわけです。注1

　先ほどの例文(12)において、話者がフランス語の難易度についてコメントするのであれば、「フランス語をマスターする**の**はむずかしい！」の方が「フランス語をマスターする**こと**はむずかしい！」という文より一段と自然に話者の気持ちを伝えることができます。また例文(13)で、「スミスさんがアメリカに帰った**こと**を知っていますか？」と『こと』を使えば事実関係だけを問題にした無味乾燥な文に聞こえますが、代わりに「スミスさんがアメリカに帰った**の**を知っていますか？」と言えば、話者の内的感情が（たとえ

注1『の／こと』を『引き込み／引き離し』という概念で詳細に分析している著作で一読をお勧めしたいものに、牧野成一著『ウチとソトの言語文化学』（アルク刊）があります。

それがどんな感情であれ）ストレートに出てくることになります。こういったニュアンスの違いも、話者と話題の間の距離を親密にする『の』の機能、そして話者の感情を話題から引き離す『こと』の機能がわかっていれば、すんなり理解できるわけです。

　また、セクション9-2-2でお話ししたように、知覚動詞が『の』しかとらないというのも、見たり聞いたりすることは話者の個人的な経験なわけですから、当然『の』によって話者と経験を密接にしなければならないからだという理由がわかってきますね。

　このように、ある話題を話し手の世界に取り込む『の』の機能を学生に浸透させることができれば、『こと』と『の』の使い分けはさして困難なものではなくなります。

　最後になりますが、『文の名詞化』を導入する際に、強調しなくてはいけない点を一つお話ししましょう。それは、通常名詞が現れるところならどこにでも名詞化した文を持ってくることができるということです。たとえば次の例文なら、下線を引いた名詞部分は自由に文に置き換えることができます。

　(14)　【料理】が得意です。　　⇨　【料理をするの】が得意です。
　(15)　【漢字】はむずかしい。　⇨　【漢字を覚えるの】はむずかしい。

　このように話の内容というものは、文を名詞化することによって、いくらでも複雑にできるわけです。このことからも『文の名詞化』の重要性がおわかりになると思います。

　『文の名詞化』とは決して特殊な構文などではなく、日常会話レベルで頻繁に目にする概念なのだということを学生にぜひ知ってもらわねばなりません。そのためにも、さまざまな応用パターンを使って『文の名詞化』を定着させることです。

　たとえば、『こと』を導入する際に『私の趣味は○×することです』というパターンを使いましたが、このほかにも、似たパターンをいろいろ使わせて『文の名詞化』に慣れさせるのです。

(16) 演習に使いやすい『～ことです』パターンの例

    a. 私の将来の夢は【……こと】です。

       例：私の将来の夢は【医者になること】です。

    b. 夏休みの一番の思い出は【……こと】です。

       例：夏休みの一番の思い出は【海に行ったこと】です。

    c. このクラスでの目標は【……こと】です。

       例：このクラスでの目標は【漢字を300覚えること】です。

　パターンに多様性を持たせず、『私の趣味は○×することです』の一つのパターンに固執してしまうと、学生は「『～ことです』というのは、このパターンの時だけしか使えないんだな」と思いこんでしまいます。そうではなく、(16)で見たようにさまざまなパターンを提示すると、学生も『文の名詞化』という概念をより一層理解することができるのです。あとは作文にしろ読解にしろ、積極的にこの概念を取り入れ、完全なる定着を目指せばよいのです。

9-3 『の』から派生した『～んです』

　さて、ここまで文の名詞化についてお話しし、『こと』と『の』には微妙なニュアンスの違いがあることを指摘してきました。ここでもう一度、先ほどの例文(12)をおさらいしてみましょう。

(12) フランス語をマスターする |こと／の| はむずかしい。

　『こと』を使うと、どこか突きはなしたイメージがあるが、『の』にすると話者の思い入れのようなものを感じるというのは、**話者の世界に物事を取り込む『の』の特質**からきているという話でしたね。

　『話者の世界に取り込む』とは、本来無味乾燥である叙述を話者の感情を含んだ「パーソナル」な叙述に変えるということです。『こと』を使った例文(12)が、「フランス語習得はむずかしい」という一般論に聞こえるのに対し、『の』だと話者の個人的意見のように聞こえるのも、いま述べた『の』の性質によるものです。

　話者の世界に取り込むという『の』の性質は、何も文の名詞化だけに見られる現象ではありません。ここでは少し毛色の違った『の』を見ていきます。

　まずは例文から。

　　(17)　アメリカにはいつ行く<u>の</u>？

　　(18)　Ｑ：昨日はどうして来なかった<u>ん</u>ですか？

　　　　　Ａ：ちょっと気分が悪かった<u>ん</u>です。

　例文(17)の『の』は、一見クエッションマークの『か』と同じに見えますが、これは実は『アメリカにはいつ行く<u>の</u>ですか？』を省略したものです。また、例文(18)の会話に見られる『ん』も、『の』が音韻的に短縮されたものです。

　これらをひとまとめにして『〜んです』と呼ぶことにしましょう。

　上の例文(17)、(18)に共通して言えることは、『ん（＝の）』が辞書形の述語に接続しているということです。注2　通常の述語に『〜んです（＝〜のです）』という新たな述語をつぎ足した形になっている、つまり述語が「拡張」されているため、これら『ん（＝の）』でつぎ足すパターンを『拡張述部』と呼びます。

　拡張部の『ん』は『です』に接続していることからもわかるように、それ自体は名詞の範疇に入ります。この点を念頭において、例文(18)の答の部分の内部構造を見てみましょう。

　　(18′)　【【ちょっと気分が悪かった_文】ん_{名詞}】です。

　名詞の『ん』が文を包み込んでいるのがわかります。そう、何のことはない、『拡張述部』という構文も、実は『文の名詞化』の一種なのです。

注2『〜んです』に接続するのは辞書形と言いましたが、実は例外が二つあります。名詞・形容動詞の述語の時制が現在形（＝未完了形）の場合は、辞書形の『だ』をとらずに『な』が使われるのです。たとえば「学生です」は「学生なんです」、「好きです」は「好きなんです」のように。

9-3-1 『〜んです』がスッと入ってくる演習

　私たちは『〜んです』がついた文を普段何気なく使っています。『〜んです』が使われる状況というのはさまざまですから、この構文を導入する際、「こういう場面では『〜んです』を使いましょう！」と単純に教えるわけにはいきません。たとえそう教えたとしても、この構文が持つ意味自体を教えてあげなければ、学生は『〜んです』を理解してくれないでしょう。

　先ほど『文の名詞化』の話をした時に、『の』の特質は「文が意味するものを話者の世界に取り込むこと」と言いましたが、『〜んです』構文における『ん（＝の）』の特徴はこの説明だけではちょっと不親切な気がします。なにか『〜んです』の本質がスッと入ってくるような演習が必要です。ここではそんな演習パターンを見ていきましょう。

　『〜んです』を教える際に最も効果的なのが、『どうして』で始まる疑問文の演習です。この『どうして』という疑問詞は、ほかの疑問詞とは違って、なかなかユニークな性質を持っています。たとえば、『何』という疑問詞は「昨日は何をしましたか？」のように『ます形』で終わる文にしても問題はありませんが、『どうして』を『ます形』の疑問文で使うと、なぜか不自然に聞こえてしまうのです。

（19）　どうしてパーティに<u>行きません</u>か？
（20）　どうして日本語を<u>勉強しています</u>か？

　いかがですか？　ギクシャクした感じがするでしょう。しかし述部を辞書形にして『〜んです』構文に入れると、しっくりした文になります。

（21）　どうしてパーティに<u>行かない</u>んですか？
（22）　どうして日本語を<u>勉強している</u>んですか？

　『どうして』の疑問文が『〜んです』とワンセットでないと不自然に聞こえる原因はこうです。言うまでもなく、『どうして』は理由を聞く疑問詞です。話者は、いま会話で話されている事柄に無関心でいられないからこそ理由を聞いているのです。無関心でいられない感情、この場合「好奇心」と言

ってもいいでしょう。この話者の好奇心を聞き手にわかってもらうために使っているのが『〜んです』というわけです。

　つまり、『〜んです』がもたらす効果とは、**聞き手を話者の感情に同調させる**ということなのです。『感情の同調』、つまり『感情の共有』こそが『〜んです』の機能というわけですね。逆に言えば、例文(19)の「どうしてパーティに行きませんか？」のように『〜んです』を使わない疑問文では、聞き手を話者の好奇心に引きつけることができないため、不自然に聞こえるのです。

　『どうして』を使った演習は『〜んです』の概念が学べるだけでなく、動詞の辞書形のおさらいにもなりますから、まさに一石二鳥です。また、『どうして』で始まる質問では、一人一人の学生からオリジナリティに富んだ答が得られるので、「日本語で考える」訓練にも最適だということも付け加えておきましょう。

　『どうして』を使った質問の答には、次の例文にも見られるように、『〜からです』の代わりに『〜んです』を使ってもいいですね。

　　(23)　Q　：どうしてパーティに行かないんですか？
　　　　　A1　：忙しいからです／忙しいんです。
　　　　　A2　：宿題がたくさんあるからです／宿題がたくさんあるんです。

「忙しいんです」、「宿題がたくさんあるんです」の答において、『〜んです』がもたらす『感情の共有』とは、いまさっきお話ししたような「好奇心」でないことは明らかです。そうではなく、これらの例文の場合、自分がパーティに行かない理由について、**聞き手に同調・同意してもらいたい**という感情が話者に働いているのです。『好奇心』にしても『同調・同意』にしても、その根底にあるのは『〜んです』がもたらす**話者と聞き手の間における感情の共有**にほかなりません。

　ところで、『〜んです』を使った答え方には注意点があります。まず、次の会話をごらんください。

　　(24)　Q：　どうして日本語を勉強しているんですか？
　　　　　A1：　母が日本人な**ん**です。
　　　　　A2：(?)日本に行きたい**ん**です。

　A1の答は『〜んです』が問題なく使えるケースですが、A2の答はちょっと不自然な感じがします。A1の答とA2の答を比べてみますと、A2が「ありきたりな答」なのに対し、A1の内容はかなり「パーソナル（＝個人的）」です。こういったパーソナルな答を**聞き手に**知ってもらいたいという話者の欲求が、A1の答で『〜んです』を使わせているわけです。

　もっともこのレベルまできますと、かなりデリケートな領域に入ってきますから、授業での演習準備の際に『〜んです』が答に出てくるとおかしいと思われる質問はできるだけ避けておくのが賢明といえます。

　『どうして』の構文で一通り『〜んです』の概念がわかってもらえたら、あとはどんどん授業で使っていくのみです。とくに学生同士でパーソナルな質問をさせ合う演習は効果的ですので、授業のウォームアップとして最適です。

　私はよく、話すのが上手な学生を一人選び、みんなの前に立たせて、残りの学生のいろいろな質問に答えさせるようにしています。まず教師が普通の『です・ます形』を使って、「Aさんは、昨日何をしましたか？」のように質問をします。そこで学生Aが「パーティに行きました」と答えたとしましょう。この答を出発点として、いろいろな質問を連鎖反応的に学生にさせていくのです。他の学生はいろいろな情報を学生Aから探りだしたいわけですから、自然に『〜んです』構文が使える土壌ができるというわけです。

　たとえば次の会話のように、

(25)　Q：誰のパーティに行った**ん**ですか？
　　　 A：スミスさんのパーティです。
　　　 Q：誰と行った**ん**ですか？
　　　 A：リサさんと行った**ん**です。
　　　 Q：リサさん？　リサさんはスミスさんを知っている**ん**ですか？
　　　 A：はい。
　　　 Q：パーティでは何をした**ん**ですか？
　　　 A：食べたり、飲んだり、話したりしました。

　毎日1〜2分の練習でも習慣にしてしまえば、学生も『〜んです』をすんなり口に出せるようになります。

授業の中での文法説明、またはプリントを使っての文法説明をされている方も多いと思いますが、そんな場合に、『〜んです』の本質がパッとわかってしまう例文があるのでご紹介しましょう。

(26)　a. どうしたんですか？（または、「どうしたの？」）
　　　b. どうしましたか？

もしあなたの目の前にいる人の顔色が悪かったら、あなたは迷わず「どうしたんですか？」とか「どうしたの？」とか聞くと思います。そうではなく、「どうしましたか？」などと言おうものなら、その人に「人が苦しんでいるっていうのになんて冷たい人だ！」と思われてしまうことでしょう。

では今度は状況を変えて、あなたが病気になり、病院に行ったとしましょう。診察室に入ったあなたに、お医者さんが開口一番「どうしたんですか？」と聞いてきたとしたら、あなたはどう思いますか？　私だったら「この先生大丈夫かいな？」と心配になり、下手をしたら容体が悪化してしまうかもしれません。お医者さんは医学のプロフェッショナルです。患者に対して個人的な感情を持つことなく、患者の容体を聞くのがお医者さんの仕事なわけですから、「どうしたんですか？」などと言って、患者と『感情の共有』をしてはいけないのです。やはりお医者さんは「どうしましたか？」でなくちゃいけませんよね！

いま見た「どうしたんですか？／どうしましたか？」の例文を使って『〜んです』の説明をすると、ほとんどの学生は膝をポンとたたき、「ああ、なるほど！」とわかってくれます（こういう時に膝をたたくのは日本人だけですけど……）。

『〜んです』のように日本語独特の概念を教える際には、これまで何度も言ってきた『キーワード』を使いましょう。私の場合、学生の母語は英語ですから、"emotion sharing（感情の共有）"とか"synchronization（シンクロ・同一化）"といったキーワードで『〜んです』の概念を導入しています。

9-3-2　『感情共有』と文法

ここまで、『〜んです』という文法事項が持つ感情的効果について見てき

たわけですが、こういう表現を見ると、私など、日本語のおもしろさにつくづく感じ入ってしまいます。

　日本語は、「島国」という外界と隔たった空間で、長い間、同じ文化・思考法を持った人々によって熟成されてきた言語ですから、どうしても日本人的な感情・考え方が文法の中にも強く反映されています。それが『〜んです』であり、敬語であり、授受表現であり、また第8章で見た『らしい』であるわけです。一方、長い間さまざまな言語に接触、または衝突してきた西欧語を見てみますと、固有の文化や感情的なものが文法として言語に組み込まれている頻度が圧倒的に少ないように思えます。それだからこそ英語などは国際語として世界中で話されているのでしょうが。

　この章で見てきた『〜んです』は、『聞き手を話者の感情に取り込む』機能を持つわけですが、実はこれとよく似た文法事項を私たちはすでに見てきています。第1章で見た『主題』の『は』がそれです。

　『は』の機能は『話者が聞き手にコメントを与える』ことでした。たとえば、私が皆さんに「スミスさんはアメリカに帰ってしまったんですよ」といった場合、話者である私は「スミスさんは」と切り出すことにより、聞き手である皆さんの関心をこちらに向け、そこで「アメリカに帰ってしまった」というスミスさんについての新情報、つまり『コメント』を与えているのです。

　『聞き手の関心を話者の方に向ける』、これはつまり『聞き手を話者の世界・感情に取り込む』ということと同じです。こういった意味で、主題の『は』と『〜んです』は意味機能から見ると、まさに親戚関係にあるのです。

　私は第1章で、学習者の母語（たとえば西欧語）に存在しない『は』のような文法概念はできるだけ早いうちに教える必要性を強調しました。こういった概念の導入を後回しにすればするほど、学生は自分の母語で日本語を分析してしまうようになり、結局、あとあとになって大きな壁にぶちあたってしまうからです。最悪の場合、『主題』のような重要な文法概念を理解しないままで、ずっと日本語を話し続けるということにもなりかねません。

　『〜んです』にしてもそうです。ですから、辞書形の導入が終わったら、すぐにこの構文を導入することにより、日本的な思考法を身につけさせることが肝心であり、それが学生に『自然な日本語』をマスターさせるための近

道なのだと私は思っています。

　しかし「『概念を教えろ』とは言うが、理詰めの教え方では学生が飽きてしまうのではないか？」と思っている方もいらっしゃるでしょう。私も同感です。会話の授業で文法講義などしていたら、私だって居眠りしてしまうでしょう。いかに文法概念を講義スタイルではない方法で導入できるか、言い換えれば、文法概念をいかに生きたコミュニケーションに取り込めるか、これこそ私たち教師一人一人がそれぞれの教育スタイルの中で確立していかねばならないことなのだと思います。

　この点を念頭に置き、既存のレッスンプランを文法概念を軸に作り直してみるのも一考でしょう。また、現在シチュエーション・タスク中心の授業をしていて、そのスタイルを崩したくないのでしたら、どうすれば文法概念をレッスンプランの中にスムースに取り込めるか、そのために必要かつ効果的な演習は何なのかということを考えることも必要になってくると思います。それには、やっぱり教師が文法知識を豊富にし、それを上手にアレンジしていかなければいけません。教授法のアプローチはどうであれ、結局は「教師の知識」という原点に戻ってきてしまうのです。

《第10章》
複雑な考えを言葉にする従属節

この章のポイント
・洗練された日本語を身につけるには従属節の理解が不可欠。
・従属節には四つのタイプがあり、主節の動詞によって使い分けられる。

10-1 複雑な考えを伝えるには

　言うまでもないことですが、語学教育の究極の目的は、自分の力でコミュニケーションできるレベルに学習者を導くことにあります。しかし一口に『コミュニケーション』といっても、その幅は広いのです。あいさつや買い物など日常生活で必要なコミュニケーションタスクなら、短い文で用を足すこともできましょう。しかしこれが議論や自分の意見を述べるといった高度なタスクになってくると、それではすみません。自分の意見を伝えるためには、話す言葉も複雑にならざるを得ないのです。

　私たちは、どんな複雑な考えでも言葉で表現する能力を持っています。これを可能にする文法機能の一つが複文です。複文とは一つの文に複数の述部を持つ構造のことです。複文の長さは理論的には無限です。たとえば、日本語では次のように文を積み重ねていくことが可能です。

(1)　私は【スミスさんが帰国した】と思った。
(2)　私は【田中さんが【スミスさんが帰国した】と言った】と思った。
(3)　私は【山田さんが【田中さんが【スミスさんが帰国した】
　　　と言った】と話していた】と思った。

　もちろん文が長くなればなるほど私たちの記憶力が追いついていけなくなり、わかりにくくなってしまいますが、際限なく複文を作り続けることは理論的には可能だということがおわかりになると思います。

関係節も複文の一種ですが、同じことが言えます。

(4) |【ねずみを食べた】猫

(5) |【【ねずみを食べた】猫を追いかけた】犬

(6) |【【【ねずみを食べた】猫を追いかけた】犬を飼っている】人
　　　↓ …………

これは何も日本語だけの特徴ではなく、他の言語でも同じことです。たとえば上の例文(3)と(6)を英語で言うと次のようになります。

(3') I thought [that Yamada told [that Tanaka said that [Smith went home]]].

(6') the man [who has the dog [that chased the cat [that ate the rat]]]

これらの例文は、学習者の母語が何であれ、内容のこみいった複文を作る作業が可能なことを示しており、ゆえに複文の概念を理解するのは決して困難ではないことを証明しているのです。

10-2　四つの従属節マーカー

一つの文に述語が複数ある複文を理解するには、まず、文を『主節』と『従属節』に分ける訓練が必要です。注1 日本語は第4章でもお話ししたとおり『主要部が後ろに来る言語』ですので、複文でも、文の最後に現れる『節』が『主節』ということになります。 また、日本語の従属節は自分が従属節だということを示す「マーカー」（＝目印）を節の後ろに従えていますので、従属節を見つけるのはむずかしいことではありません。従属節には、いろいろありますが、ここでは「のに」や「から」のような従位接続詞には触れず、主文の述部に埋めこまれる次の四タイプの従属節マーカーについて見ていきましょう。

注1 関係節も複文の一種と言えますが、この章では除外して話を進めます。関係節については第4章をごらんください。

①『こと／の』
②『と』
③『か』
④『ように』

以下、各マーカーについて考察していきます。

10-2-1　従属節マーカーその1：『こと／の』

日本語の動詞には、目的語の名詞が現れる位置に文が入るものがかなりあります。その中でも頻度の高いものをあげてみましょう。

(7) 忘れる
　　a. 私は【宿題_{名詞}】を忘れた。
　　b. 私は【今日試験がある_文】ことを忘れていた。

(8) 知っている
　　a. 私は【彼_{名詞}】を知っている。
　　b. 私は【彼がメアリーを好きだった_文】のを知っている。

(9) 思い出す
　　a.【去年のこと_{名詞}】を思い出してください。
　　b.【彼女があなたの家にやって来た_文】ことを思い出してください。

(10) 覚えている
　　a. 私は【彼女_{名詞}】を覚えている。
　　b. 私は【彼女がジョンを好きだった_文】のを覚えている。

『こと』や『の』で文の名詞化をするのは第9章でも見てきたとおりです。このため、このタイプの従属節は純粋な従属節というよりも、「名詞のポジションに文を入れた形」といった方がいいかもしれません。

しかし、上にあげた述語の場合、多くの言語、とくに西欧語においては、『名詞化』という形をとらずに、純粋な従属節をとる場合が多いのです。上の例を英語で見てみましょう。

(7b′)　I forgot **that** [there is a test today].

(8b′)　I know **that** [he liked Mary].

(9b′)　Recall **that** [she came to your house].

(10b′)　I remember **that** [she liked John].

　各文に『that 節』が現れているということから、これらが純粋な従属節の範疇に属していることがわかります。

　英語などを母語とする学生は、日本語の「忘れる」、「知っている」などの動詞に、自分の母語と同じ文法規則を適用してしまうことがよくあります。つまり『文の名詞化』という規則を知らずに、単純に "that" ＝『と』と思い込んで使ってしまうのです。誤用例をあげましょう。

(7b″)　×私は【今日試験がある】と忘れていた。

(8b″)　×私は【彼がメアリーを好きだった】と知っている。

(9b″)　×【彼女があなたの家にやって来た】と思い出してください。

(10b″)　×私は【彼女がジョンを好きだった】と覚えている。

　作文の添削をしていますと、こういった間違いを頻繁に目にします。幸いなことに、『こと／の』の従属節をとる動詞はあまり多くないので、そのつど「この動詞の従属節は『こと／の』でマークする」と教えても、とくに問題はありません。しかし、一応、教師の知識として、どういう場合に『こと／の』の従属節をとるか、その条件を定義してみましょう。

動詞Xにおいて、その従属節内の叙述が論理的に『真（＝事実)』であるならば、その動詞の従属節は『こと／の』でマークされる。

　うわあ、理屈っぽいですね！　ちょっと例文を見ながら、解説していきましょう。

(11)　私は今日試験があることを忘れていた。

　この文の従属節は【今日試験がある】です。この「今日試験がある」という叙述が『事実』、つまり『真』であることは明らかです。試験がないのな

らこうは言えないからです。それゆえに、この従属節は『こと』（または『の』）でマークされなければいけないわけです。……もっともこんな話を学生にしてもチンプンカンプンでしょうから、あくまでも教師の知識にとどめておくのが無難かもしれませんが。

10-2-2　従属節マーカーその2：『と』

『と』の基本的な機能は、誰かが言ったことを間接話法的に引用することです。以下にあげるように、『と』をとる動詞には「話すこと」または「コミュニケーション」に関連した動詞が多いのもうなずけますね。

『と』をとる動詞
　　言う、話す、ささやく、うわさする、説明する、叫ぶ、つぶやく、
　　書いてある、約束する、報告する、言い訳する　　など

また、いまの枠からは少々はずれますが、他に『と』をとる動詞で重要なものに『思う』があります。『言う』と『思う』、この二つは辞書形を学習したあと直ちに導入すべき動詞です。

『言う』を使った複文は授業のどんな場合でも使える便利なパターンです。たとえば学生Aに次のような質問をしたとしましょう。

(12)　教師：　Aさんは今日何を食べましたか？
　　　　学生A：私はトンカツを食べました。

このあと別の学生（Bさん）と次のような質疑応答をします。

(13)　教師：　Bさん、Aさんは、いま<u>何と言いましたか</u>？
　　　　学生B：Aさんは【今日トンカツを食べた】と言いました

学生Bの解答は『〜と言う』を含んだ複文です。こうすることによって、従属節の構造のおさらいができるだけでなく、同時に辞書形も復習できるわけです。注2　また、この演習をクラスで習慣にしてしまえば、学生もボーっ

注2似たような方法で、『伝聞の助動詞』である『〜そうだ』も導入することができます。

としていることができなくなり、常にクラスメートの発言に耳を傾けるようにもなりますので、単純な演習とはいえ、意外とメリットが多いのです。

『思う』を使った演習は『言う』の演習より高度ですが、学生のオリジナルな答が引き出せるという点で魅力のある演習です。たとえば、学校の近くに新しくできたレストランについて、こんな質問をしたとしましょう。

(14)　新しいレストランについて<u>どう思いますか</u>？

初級レベルのクラスでも、「私は【そのレストランは高い】と思います」といった答が、割と容易に引き出せます。答がすぐに出てこない場合なら、そのレストランの絵を黒板に張り、メニューや値段などを書いて答を誘導するのもいいでしょう。

『思う』を使ったこの演習の利点は、他の学生にも同じ質問が繰り返しできるところです。その際、「同じ答はだめ」とあらかじめ学生に釘をさしておけば、学生も頭をひねりますし、中にはいままで習ったさまざまな構文を駆使しておもしろい答を出す学生も出てきます。たとえば、『〜て』構文を使って「私は【そのレストランは高くてまずい】と思います」のように。

従属節をとる『言う／思う』の演習は一見単純ですが、クラスで頻繁に使えるため、学生の頭を常に回転させておくことができます。また学生に自分のオリジナルの答を言わせることで、日本語に対する自信や満足感も得られますので、どんどん実行してみるといいでしょう。

10-2-3　従属節マーカーその3：『か』

従属節マーカーの『か』の導入は比較的簡単です。学生が知っておくべきポイントは次の一点のみです。

> 従属節の中に疑問詞があったらその従属節は『か』でマークする。

疑問詞を従属節に含んだ例文を、まずいくつか見てみましょう。

(15)　私は【昨日<u>誰</u>が休んだ】か忘れました。

(16)　私は【田中さんの誕生日に<u>何</u>を買ったらいい】かわかりません。

(17)　【ここから駅まで<u>どう</u>行ったらいい】か教えてください。

(18)　田中さんに【<u>何時</u>に仕事が終わる】か聞いてください。

　【　】で囲んだ従属節の中の下線部を見ればおわかりのように、各文とも疑問詞を含んでいます。よって従属節マーカーは『か』になるわけです。

　従属節に疑問詞をとる動詞は限られており、いまの例文で見た「忘れる」、「わかる」、「教える」、「聞く」の他に、初級・中級レベルで使える動詞として、次のようなものがあげられます。

『か』をとる動詞

　知る、たずねる、覚えている、考える、知らせる　　など

　ここで、『か』の従属節の導入法について、少しお話ししましょう。『か』の導入のポイントは、**学生が答えられない質問を意図的にする**ことです。たとえば「今年のバレンタインデーは**何曜日**ですか？」などと聞いても、ほとんどの学生はすぐには答えられないはずです。そこで単純に「わかりません」などと答えさせずに、『～かわかりません』の構文を使って次のように答えさせるのです。注3

(19)　私は【バレンタインデーが<u>何曜日</u>だ】かわかりません。

　また、学生間で質疑応答をさせる場合に、積極的に『か』の従属節パターンを使わせるのもいいでしょう。たとえば、「今日学生Bが何時に起きたか」ということを学生Aに聞かせる際、次のような会話に誘導するのです。

(20)　教師：　Aさん、【Bさんは今日何時に起きた】か聞いてください。
　　　学生A：（Bさんに向かって）Bさんは今日何時に起きましたか？
　　　学生B：今日は七時に起きました。
　　　学生A：先生、Bさんは今日七時に起きた<u>そうです</u>₁。
　　　教師：　（クラスに向かって）Bさんは何と言いましたか？

注3 従属節内の述語が名詞または形容動詞の場合、辞書形の『だ』は省略されることがありますね。たとえば、「私は【バレンタインデーが何曜日】かわかりません」のように。

クラス：【Bさんは今日七時に起きた】と言いました₂。

　ここで重要なのは、『か』の従属節の演習とともに、伝聞の助動詞（下線部１）や『と』による従属節（下線部２）の復習もしているということです。なにも学生に「いま、○×のパターンを勉強しているんだよ」などと言わなくても、この会話演習のように、さりげなくいろいろなパターンを入れていけばいいのです。たとえ無意識でも学生の頭はこういったパターンに必ず反応するものです。

　ところで、従属節内に疑問文を持つものに、いままで見てきたのとは違うタイプがもう一つあります。ここまで見てきた疑問文には、「何」や「どうして」などの疑問詞が含まれていましたが、もう一つのタイプとは、「はい／いいえ」で答えられる疑問文のことです。『はい／いいえ』の疑問文には疑問詞がありませんが、このタイプの疑問文が従属節内に現れると、従属節につくマーカーは、『か』ではなく『かどうか』になるので注意が必要です。

(21)　私は【田中さんが明日のパーティに来る】かどうかわかりません。

　従属節の中に疑問詞はありませんが、これは直接話法なら「田中さんは明日のパーティに来ますか？」ということですから、明らかに疑問文です。

10-2-4　従属節マーカーその４：『ように』

『ように』には、従属節マーカーとしての機能のほかに、「酒を飲んだように顔が赤い」などの『様態の助動詞』の機能や、「日本語が話せるように毎日練習している」や「忘れないようにメモしておく」などの『目的・いましめ』の機能などもあるため、学習者には、なかなか手ごわい文法事項といえます。

　従属節につく場合の『ように』は、「人物Xが人物Yをして、何かをするようしむける」ことを意味するマーカーです。『何かをするようしむける動詞』には次のようなものがあげられます。

『ように』をとる動詞

頼む、お願いする、注意する、しかる、言う、説得する、命令する、
させる、おだてる　　など

　これらの動詞に共通することは、次の例文を見てもわかる通り、何かをし
むけられる対象、つまり『間接目的語』が必ずあるということです。

(22)　私は【田中さんに明日八時に来る】ようにお願いした／頼んだ。

(23)　先生は【生徒に授業に遅れない】ように注意した／しかった。

　『ように』の教え方ですが、いま見たような例文ではどうもドライすぎて
導入しにくい気がします。これは、どの文法項目の導入についても言えるこ
とですが、パターン演習では**学生が演習パターンの主人公になるようにし**ない
と、なかなかすんなりと文法事項を理解してくれないのです。

　とくに、『ように』は相手に何かをするようにしむける動詞ですから、「ク
ラス」という閉鎖的環境では使いにくいですし、ましてや学生が面と向かっ
ているのは教師なのですから、教師に対して学生が「何かをしむける」とい
うのも状況的にかなり不自然といえます。

　こんな場合、お勧めしたいのが、『ように』の従属節を、第5章で見た
『災難の受け身形』と絡めて導入することです。これならば、教師に何かを
命令された学生が「災難（＝被害）をこうむった主人公」ということになり、
ごく自然な文を作ることができるわけです。

　演習例を一つ見てみましょう。まず学生を一人選んで、たとえば「窓を開
けて」と頼みます。そして教師がクラスに向かって「私はA君に窓を開ける
ように言いました」と『ように』の部分を強調して言います。必要ならば、
残りの学生に「先生はA君に窓を開けるように言いました」と言わせ、構文
の再確認をしてもいいでしょう。次にA君に『災難の受け身形』を使ってこ
う言わせるのです。

(24)　私は先生に【窓を開ける】ように 言われました。

　『災難の受け身形』の性質上、学生自身が文の主語（＝「主人公」）になっ

ているため、自然に聞こえるのがおわかりになると思います。

　同様の演習は他の動詞でも可能です。たとえば宿題を忘れた学生を注意した際、その学生に次のように言わせるのです。

　　(25)　私は【先生に宿題を忘れない】ように　注意されました。

　もちろん、この時点で『災難の受け身形』の演習が浸透しており、その概念がしっかり入っていなければいけないわけですが、その『受け身形』に『ように』という独立した文法事項を絡ませることによって、『災難の受け身』の概念だけでなく、『ように』に対する理解を補強することができるのです。

　「文法事項の導入」といっても、単にその事項だけの演習をしていては身につきません。これは、受験勉強で英語の文法を暗記してはみたものの、結局はコミュニケーションとしての英語をマスターできなかった私たちの経験からすでに実証済みです。学習したことは、学生の頭から消え去っていく前に、どんどん別の演習と絡めて学生の身につけさせねばなりません。この作業なくして、語学の上達は無理なのです。

　そのためにも、私たち語学教師は学生がすでに何を知っているのか、そしてその知っていることから、学生にどんなことができるのか、という二点を常に念頭におきながら教えていかねばならないと思います。

　さて、この章では四つの従属節マーカーを見てきたわけですが、大切なことは、「動詞によって、どういう従属節を要求するかが決まる」ということです。そういった意味でも、教師の側としては、あらかじめ動詞の分別をしておくといいでしょう。そして、一つの従属節マーカー（たとえば『ように』）を導入する時には、その範疇に含まれる動詞をできるだけ多く学生に与えるのです。こうすることにより、学生はこれらの動詞に共通した意味・機能を自分なりに理解、吸収していきます。たとえそれが無意識レベルにおいてであっても、学生は頭の中で日本語理解のためのクロスワードパズルを解いているのです。語学教師に求められることは、そのパズルを解きやすくさせるようなヒントを与えることなのだと思います。

あとがき

　10章にわたっておつきあいくださり、ありがとうございました。日本語教育、とくに初級・中級レベルにおいて重要と思われる事項を選んで書いてきましたが、いま読み直すと、書いておけばよかったことがあれもこれもと次々と出てきます。しかし「語学教育という切り口から日本語を再分析する」という目的は本書で一応は果たせたのではないかと思っています。

　こうやって10章にわたり目を通しますと、ここに書いてあることすべて、私たち日本語を母語とする者にとっては、ごく当たり前のことなのに気づかれるのではないでしょうか？　そうなのです、これらはすべて私たちの頭のどこかにきちんとしまわれていて、それでいてそれをほじくり出さなくても、別に何の不都合も生じないものばかりなのです……もし自分が日本語教師でないのならの話ですが。

　言葉を教えるということは、自分の頭の中にしまわれていた無意識層の知識を引っぱり出す、ということにほかならないと私は思っています。「日本人だから日本語を知っているよ！」だけでは、日本語教育に求められている知識を十二分に引っぱり出すことはできないのです。

　たとえば、日本語を習っている学生が困難に直面した時、知識の引き出しを探るという知的作業をしない教師には、学生が直面している問題の本質はわからないでしょうし、また、学生はそういう教師の姿を見て、敏感に教師の不勉強を察知してしまうものです。

　語学教育とは、つまるところ、パーソン・トゥ・パーソンのコミュニケーション以外のなにものでもありません。教師の努力なしに学生の不勉強をなじることはできませんし、また、それは絶対にしてはならないことだと思います。語学教師と学生は、ともに成長していくパートナーなのですから。

　日本語が母語である以上、ある程度までは誰にでも日本語を教えることはできます。しかし単に機械的に教えているだけではすぐに飽きがきますし、第一それでは教わる学生が不幸というものです。日本語という言語をもう一度見直し、そのシステムを確認することによって、日本語を教えることが楽

しく、そして充実したものになってくることを私は信じて疑いません。

　日本語のシステムを学ぶということは、なにも堅苦しい文法を学ぶということだけではありません。本書でも見てきたように、私たち日本人の思考回路はどうなっているのか、日本人の文化とはどういう形なのか、といったことを発見することでもあるのです。こうして発見した素晴らしい情報を学生と分かち合うことにより、単に文法を教えるだけの単調な日本語教育から脱却することができるのであり、そのプロセスこそが日本語教育が立派な学問になりうる条件なのだと考えています。

　本書が日本語教育の現場において、皆さんに何らかのヒントを与えることができたなら、著者としてこれ以上うれしいことはありません。ましてや、本書が日本語の思考法・文化を探るための足がかりに少しでもお役に立てれば、望外の喜びです。

　長々と偉そうなことを書いてしまいましたが、私自身もまだまだ学ぶことの多い日本語教師のはしくれです。この本をお読みになって、皆さんが感じられたこと、ご意見、ご批判など、ご教示くだされば幸いです。

　最後になりましたが、企画の段階から校了までお世話になった、塩崎宏編集長はじめアルク日本語出版編集部のみなさんに、この場を借りてお礼申し上げます。また、教壇での私の試行錯誤に辛抱強くつきあってくれたパシフィック大学日本語科の学生、そして本稿の下書きにていねいに目を通し、数々の有益なコメントをしてくれた、同大学日本語科アシスタントの山本範子さんにも感謝の意を表したいと思います。

藤田直也（ふじた　なおや）

言語学博士　近畿大学語学教育部助教授

略歴　1962年東京生まれ。1986年、University of Hawaii 言語学部卒業。
1988年、Ohio State University 東洋言語学部にて修士号取得。
1994年、ニューヨーク州University of Rochesterにて言語学博士号取得。
Cornell University、Harvard University、Pacific Universityで教職を
得た後、現在に至る。

主著　*The Complete Idiot's Guide to Japanese* (Pearson Education 刊)。"Situation-
Driven or Structure-Driven? : Japanese Teaching at the College-Level in the
United States" (University of Hawaii Press 刊、*New Trends and Issues in
Teaching Japanese Language and Culture* に収録)。その他日本語学、言語学
に関する論文多数。

日本語文法　学習者によくわかる教え方

2000年 8 月10日初版発行　　2004年 5 月20日 3 刷発行

著　者　藤田直也

発行者　平本照磨

発行所　株式会社アルク

　　　　〒168-8611　東京都杉並区永福2-54-12
　　　　電話　03-3323-5514　（日本語書籍・MOOK編集部）
　　　　　　　03-3327-1101　（カスタマーサービス部）

印刷所　大日本印刷株式会社

地球人ネットワークを創る
株式会社アルク
http://www.alc.co.jp/